Patchwork-Kleidung
und neue kreative Techniken

Maria Reuter

Patchwork-Kleidung

und neue kreative Techniken

Urania-Ravensburger

Die Deutsche Bibliothek – CIP-Einheitsaufnahme
Ein Titeldatensatz für diese Publikation ist bei Der Deutschen Bibliothek erhältlich.

www.dornier-verlage.de
www.urania-ravensburger.de

Umschlaggestaltung: Behrend & Buchholz, Hamburg
Fotos: Anette Hempfling, Studio München
Lektorat: Berliner Buchwerkstatt, Ivana Jokl/Vera Olbricht
Zeichnungen: Maria Reuter (Design), Jana Holeschovsky (Ausführung)
Innengestaltung: Rainer J. Fischer, Berlin
Satz: City Repro, Berlin
Druck: Sebald Sachsendruck, Plauen
Printed in Germany

Gedruckt auf alterungsbeständigem Papier mit chlorfrei gebleichtem Zellstoff.

Die Schreibweise entspricht den Regeln der neuen Rechtschreibung.

ISBN 3-332-01140-5

03 02 01 00 4 3 2 1

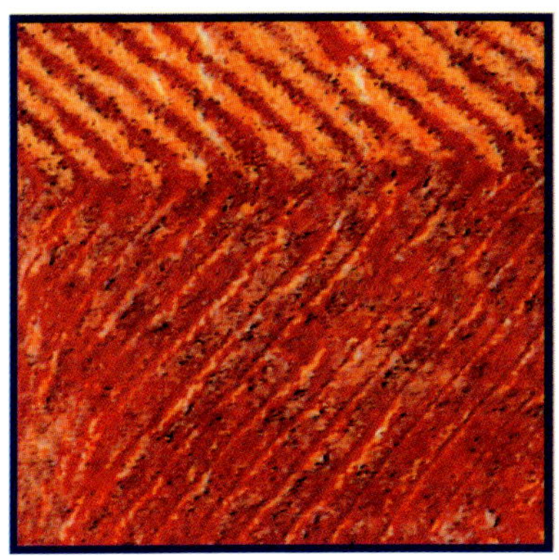

Vorwort

Aus einer Vielzahl von Ideen wurden für dieses Buch diejenigen Techniken ausgesucht, die Ihnen möglichst viele Gestaltungsmöglichkeiten und Anregungen vermitteln können.

Es werden Modelle in Patchwork, Reverseapplikationen, Faden- und Chenille-Technik vorgestellt. Das Design ist absichtlich zurückhaltend und unkompliziert gehalten, so kommen Farbauswahl und Stoffqualität viel besser zur Wirkung.
Um die Modelle herzustellen, sind kein großer Aufwand und nur wenige Anschaffungen nötig. Die Arbeitsschritte sind verständlich Schritt für Schritt erklärt und einfach nachzuarbeiten.
Wie Sie sehen werden, können die hier vorgestellten Techniken auf unterschiedliche Art und Weise eingesetzt und kombiniert werden.

Selbstverständlich können Sie jedes Modell abwandeln und nach Ihren eigenen Vorstellungen gestalten, oft entstehen neue Ideen schon beim Lesen und Betrachten der Bilder. Lassen Sie sich einfach inspirieren und werden Sie Ihr eigener Designer!

Ihre Maria Reuter

Das notwendige Werkzeug für Patchwork, Fadentechnik und Chenille ist in allen Fachgeschäften für Patchwork erhältlich.

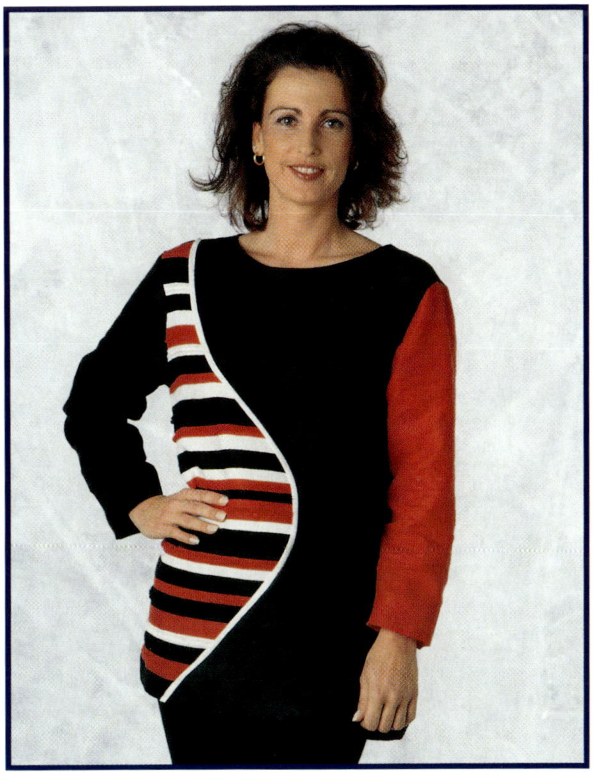

Schnitt:
4a–4d, Gr. 40

Material:
1,50 m dunkelgrünes Leinen, 1,40 m breit, 7 Leinenstreifen in verschiedenen Kontrastfarben 1,40 m x 20 cm, 1,50 m Futterstoff, 1,40 m breit

Werkzeuge und Zubehör:
Lineal, Schneiderkreide, Schneidmatte, Rollschneider, passendes Nähgarn, Schulterpolster, 6 mit Stoff überzogene Knöpfe

Schneiden Sie alle Jackenteile mit normaler Nahtzugabe aus dem Leinen zu. Markieren Sie die vordere Mittellinie für die Positionierung der Knopflöcher und die Ansatzlinie für die aufgesetzte Tasche am rechten Vorderteil (siehe Vorlagenbogen).
Die Maße für die Position und die Einteilung der Streifen entnehmen Sie der unten abgebildeten linken Zeichnung. Die Längsstreifen werden über den Rücken weitergeführt. Die Nahtzugaben sind in den Maßen nicht enthalten, müssen also beim Zuschneiden angefügt werden. Sie können die Streifen auch ganz anders anordnen oder verteilen. Richten Sie sich ganz nach Ihrem Geschmack!
Zeichnen Sie die Schnittlinien vorher mit Lineal und Kreide vor. Damit haben Sie eine zusätzliche Maßkontrolle und die Garantie für einen exakten Schnittverlauf.

Die Patchworkstreifen sind 4 cm breit. Bei einer Nahtbreite von je 1 cm schneiden Sie also aus den Jackenteilen nur 2 cm Streifenbreite heraus. Die farbigen Stoffe werden gut ausgebügelt. Schneiden Sie sie der unten rechts abgebildeten Zeichnung entsprechend zu .

Bild 1 (S. 9): Bereiten Sie pro Farbe 10–15 Streifen vor und arrangieren Sie sie nach Ihrem Geschmack. Zu beachten ist lediglich, dass jeweils die geraden Fadenläufe aneinander stoßen und ebenso die schrägen. Nähen Sie sie mit Stichlänge 2 zusammen. Die „Fahnenlänge" sollte ca. 40 cm betragen. Anschließend müssen die Nahtzugaben gut mit Dampf auseinander gebügelt werden.
Begradigen Sie mit Lineal und Rollschneider eine Längsseite der Fahne und schneiden Sie entsprechend den Maßangaben plus Nahtzugabe die einzusetzenden Streifen zu, d. h. bei 1 cm Nahtzugabe haben Sie Streifen von einer Breite von 6 cm.

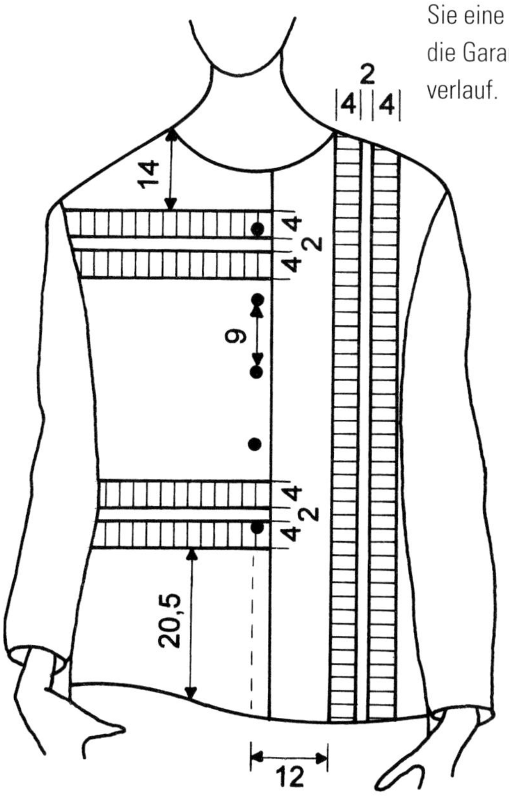

Alle Maße ohne Nahtzugabe

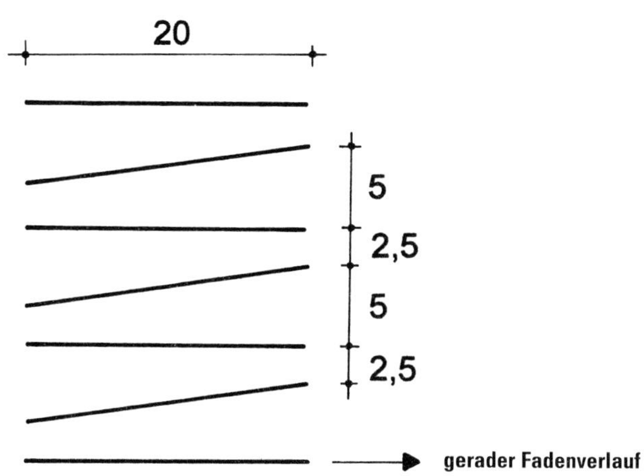

1

2

3

Bild 2: Nähen Sie die Stücke je nach benötigter Länge aneinander, wobei das Längenmaß großzügig berechnet werden sollte. Legen Sie vor dem Einnähen der Streifen die zugeschnittenen Jackenteile auf dem Fußboden zurecht und fügen Sie probeweise die Patchworkstreifen ein. Prüfen Sie, ob die leuchtenden Farben gut und gleichmäßig verteilt sind, sowohl bei den Querstreifen als auch bei den Längsstreifen. Manchmal genügt es für eine farbliche Korrektur, einen Streifen einfach umzudrehen oder um einige Zentimeter zu verschieben.

Bild 3: Nähen Sie die Streifen in die Jackenteile ein und bügeln Sie die Nahtzugaben von innen nach außen glatt. Benutzen Sie dabei einen Teflonschuh oder ein Baumwolltuch, damit das Leinen nach dem Bügeln nicht glänzt.
Auf das Vorderteil mit den Querstreifen wird die Tasche aufgesetzt, beim anderen Vorderteil wird in die Seitennaht eine Nahttasche eingearbeitet. Kontrollieren Sie vor dem Zusammennähen, ob sich durch das Patchwork Maßunterschiede an Schulter und Seitennaht der Vorderteile ergeben haben. Unter Umständen muss nachgeschnitten werden.

Weitere Verarbeitung:
Nähen Sie die vorderen Beläge an und setzen Sie die Tasche auf. Schließen Sie die Schulter- und die Seitennähte und arbeiten Sie dabei die Seitentasche mit ein. Anschließend setzen Sie die Ärmel ein und heften die Schulterpolster an.
Das Futter wird in derselben Weise zugeschnitten und zusammengenäht wie das Leinen und dann am Oberstoff befestigt. Zum Schluss nähen Sie den Kragen an und arbeiten die Knopflöcher ein.
Hier sind die Knöpfe mit einer Kontrastfarbe überzogen. Natürlich kann man auch die Farbe des Jackenstoffes wählen. Die Knopflöcher legen Sie erst fest, wenn die Jacke fertig genäht ist. Sie können diese dann so platzieren, dass sie mit den Patchworkstreifen harmonieren (siehe Zeichnung auf Seite 8).

Auch mit einfarbigen Streifen lassen sich sehr schöne Effekte erzielen.

Diese Farbkombination einer Streifenfahne eignet sich gut für schwarzes oder naturfarbenes Leinen als Grundton, je nachdem, welchen Effekt man erzielen möchte.

Schnitt:
2a–2c, Gr. 38

Material:
1,90 m weißes Leinen,
1,50 m breit

Werkzeuge und Zubehör:
passendes Nähgarn,
Schneiderkreide, Schneidmatte,
Lineal, Rollschneider

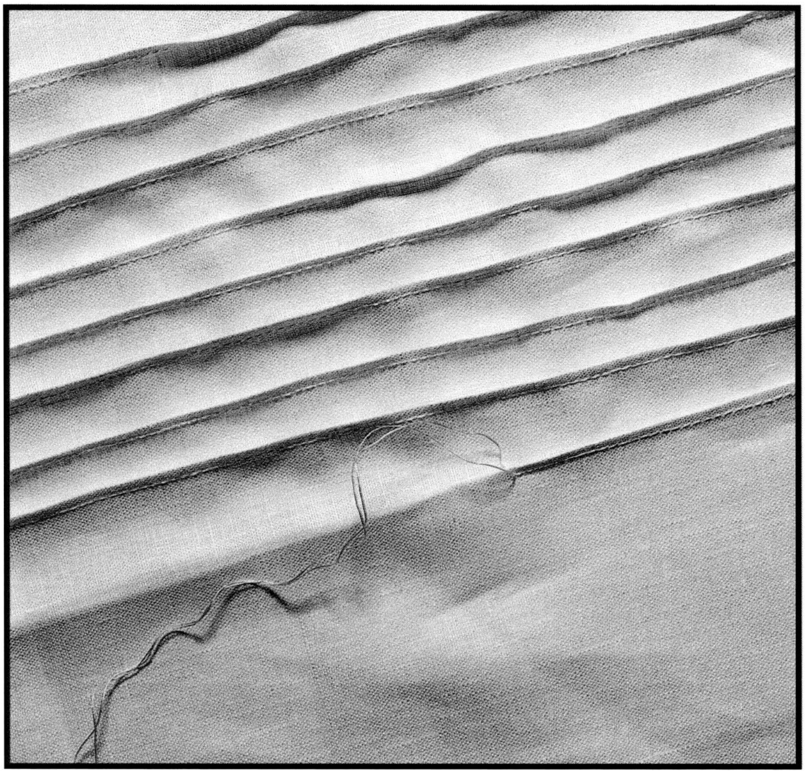

Für dieses Shirt kann man gut Reste verarbeiten, da ausschließlich Quadrate zusammengenäht werden. Für vorliegendes Modell wurde Leinen mit unterschiedlicher Struktur verwendet. Wenn Sie mit Meterware arbeiten möchten, benötigen Sie für das Vorder- und das Rückenteil sieben Stoffstreifen in der Größe 75 x 30 cm und zwei Stoffstreifen in der Größe 75 x 40 cm. Vorbereitung des Stoffes: Nähen Sie in Ihre Streifen im Abstand von etwa 12–15 mm kleine senkrechte, 2–5 mm breite Falten. Für jede Falte knicken Sie den Stoff um, streichen einmal mit dem Daumennagel darüber und steppen die Kante mit der Nähmaschine ab. Es ist optisch wirkungsvoller, wenn die Abstände unregelmäßig sind und die Fältchen nicht genau parallel zueinander verlaufen.

Die einzelnen fertigen Streifen sollten nicht kürzer als 56 cm sein. Bügeln Sie sie mit Dampf von links – es ist unwichtig, in welche Richtung sich die Falten dabei legen. Schneiden Sie zunächst aus den 30 cm breiten Streifen mit dem Rollschneider Quadrate in der Größe 12 x 12 cm plus 1 cm Nahtzugabe zu. Aus einem vorgearbeiteten Streifen lassen sich acht Quadrate zuschneiden, bei sieben Streifen erhalten Sie 56 Quadrate mit geradem Faltenverlauf.

Anschließend schneiden Sie aus dem 40 cm breiten Stoffstück im 45°-Winkel zehn Quadrate mit schrägem Faltenverlauf zu (siehe Foto). Auch hier beträgt die Kantenlänge 12 cm plus 1cm Nahtzugabe.

Für das Vorder- und das Rückenteil benötigen Sie insgesamt 60 Quadrate.

Die beiden Teile bestehen aus jeweils sechs Reihen, jede Reihe ist aus fünf Quadraten zusammengesetzt.

Legen Sie sich nun die Quadrate zurecht und gestalten Sie Ihren Stoff für das Vorder- und das Rückenteil. Kombinieren Sie möglichst abwechslungsreich Stoffstücke mit schrägem, senkrechtem und waagerechtem Faltenverlauf.

Nähen Sie zuerst die Quadrate für die Querreihen zusammen. Markieren Sie sich jeweils das linke Quadrat, damit Sie sie auch in der richtigen Reihenfolge annähen. Bügeln Sie anschließend die Nahtzugaben der einzelnen Reihen, und zwar abwechselnd bei einer Reihe nach links, bei der nächsten Reihe nach rechts, dann wieder nach links usw. Wenn Sie die einzelnen Streifen aneinander nähen, stoßen die Nähte genau gegeneinander und eine saubere Verarbeitung ist garantiert. Schneiden Sie nun aus dem Patchwork-Stoff mit normaler Nahtzugabe das Vorder- und das Rückenteil zu, aus dem unbearbeiteten Leinen die Ärmel.

Weitere Verarbeitung:
Schließen Sie die Schulternähte und versäubern Sie den Halsausschnitt mit einer Blende. Setzen Sie die Ärmel ein, schließen Sie die Seitennähte und säumen Sie die Kanten.
Bei größeren Größen müssen die Reihen um ein oder mehrere Quadrate in der Breite und evtl. auch in der Länge ergänzt werden.

Schnitt:
1a–1c, Gr. 40

Material:
1,50 m schwarzes Leinen, 1,50 m breit, 70 cm rotes Leinen, 1,40 m breit, 40 cm weißes Leinen, 1,40 m breit

Werkzeuge und Zubehör:
Schneiderkreide, Schneidmatte, Lineal, Rollschneider, passendes Nähgarn

Schneiden Sie mit normaler Nahtzugabe die rechte Hälfte des Vorderteils, den Rücken und den linken Ärmel aus dem schwarzen Leinen zu, den rechten Ärmel aus dem roten Leinen.
Wichtig: Markieren Sie sich die Anstoßpunkte auf der Schnittkante im Vorderteil, damit die Stoffteile beim Zusammennähen exakt aufeinander liegen (siehe Vorlagenbogen).
Die Streifen sind 38 cm lang und 2,5, 4, 5 und 6 cm breit. Schneiden Sie mit dem Rollschneider aus dem schwarzen und roten Stoff von jeder Breite jeweils drei Streifen zu, aus dem weißen Stoff fünf Streifen nur in 2,5 und 4 cm Breite.
In einige der breiteren Streifen können Sie einen Franseneffekt einarbeiten, hier sind es 13 Streifen. Die Fransen sind einfach herzustellen: Bügeln Sie auf der rechten Stoffseite eine Längsfalte in die Mitte des Streifens. Steppen Sie am Bruch füßchenbreit ab, dann nähen Sie mit Zickzackstich darüber, mit Stichlänge 3 und Stichbreite 1. Schneiden Sie den Bruch auf. Fransen Sie den Stoff bis zur Naht aus und bügeln Sie die Naht leicht von der Rückseite.
Für Ihren Entwurf legen Sie die Streifen auf den linken Papierschnitt des Vorderteils auf, am besten in der Mitte beginnend. Bügeln Sie in die Streifen, die Sie mit einer Fransennaht versehen möchten, eine Längsfalte und fügen Sie sie aufgeklappt wieder in Ihre Anordnung ein. So können Sie sich beim Gestalten besser vorstellen, wie die Fransennähte verteilt sind.

Auf dem Foto sind die Nähte zum besseren Verständnis in Rot dargestellt.
Sie nähen wie üblich Ton in Ton.

Haben Sie Ihre endgültige Streifenanordnung gefunden, stellen Sie zuerst die Franseneffekte her und nähen dann alle Streifen zusammen. Beginnen Sie wieder in der Mitte. Es empfiehlt sich, zunächst jeweils 6–7 Streifen zusammenzunähen, ihre Kanten mit Zickzackstich zu versäubern und die Nahtzugaben auseinander zu bügeln. Kleinere Teile lassen sich besser handhaben.

Nähen Sie alle Stücke aneinander, bis Sie die Länge des Papierschnittes erreicht haben.

Sind alle Streifen zusammengenäht, wird die zweite Hälfte des Vorderteils zugeschnitten. Achten Sie darauf, dass der Papierschnitt richtig aufgelegt ist, damit die beiden Vorderteile auf jeden Fall zusammenpassen! Markieren Sie sich die Anstoßpunkte.
Im vorliegenden Modell wurde beim Zusammennähen der beiden Vorderteilhälften ein weißer Paspelstreifen mitgefasst. Schneiden Sie hierfür einen Schrägstreifen (siehe Seite 62) von 95 cm Länge und 2,5 cm Breite zu und bügeln Sie ihn zur Hälfte, fertige Breite 1,25 cm. Sollten Sie nicht genügend Stoff übrig haben, können Sie auch weiße Baumwolle oder ein Satinband benutzen.
Stecken Sie die Biese, ohne sie zu dehnen, mit Stecknadeln auf das Patchwork-Teil auf. Der Bruch zeigt in Richtung Seitennaht. Stecken Sie die schwarze Hälfte darauf fest – achten Sie auf die Anstoßpunkte – und schließen Sie die Naht. Kontrollieren Sie, ob die Biese gleichmäßig mitgefasst wurde, und bügeln dann die schwarze Vorderteilhälfte zur Seite.

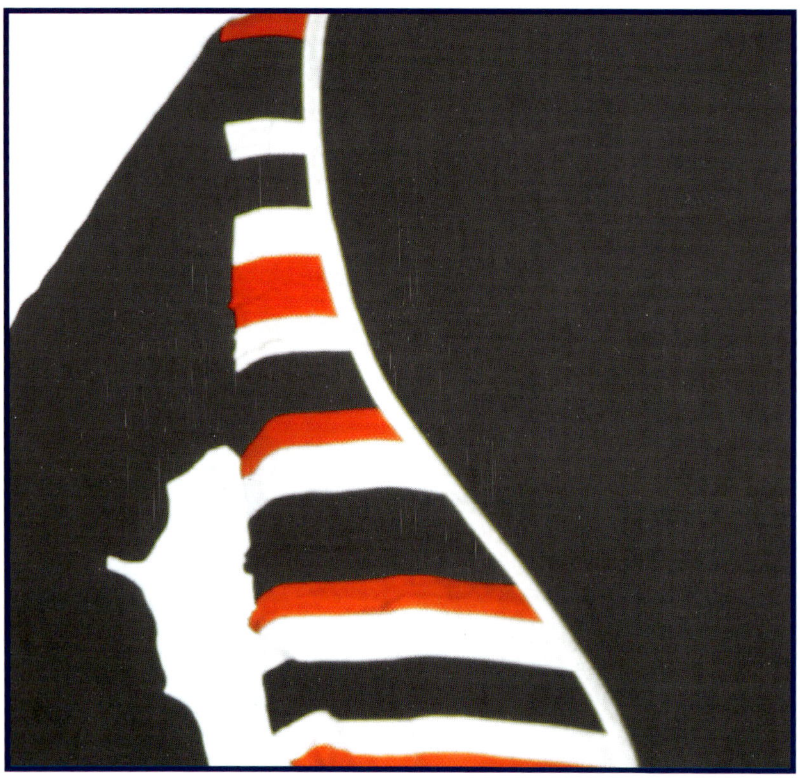

Weitere Verarbeitung:
Schließen Sie die Schulternähte und versäubern Sie den Halsausschnitt mit einer Blende. Setzen Sie die Ärmel ein, schließen Sie die Seitennähte und säumen Sie die Kanten.

Reverseapplikation

Schnitt:
1a–1c, Gr. 40

Material:
1,20 m weißes Leinen, 1,50 m breit, 80 x 80 cm weißer Organza

Werkzeuge und Zubehör:
Lineal, Textilmalstift, passendes Nähgarn, Schneiderkreide, kleine scharfe Schere oder Applikationsschere, passendes Maschinenstickgarn (Madeira), weißes Satinband (90 cm)

Schneiden Sie alle Teile des Shirts mit normaler Nahtzugabe aus dem Leinen zu. Aus dem Organza benötigen Sie zwei Stoffstücke in der Größe 50 x 25 cm für die obere und zwei Stücke in der Größe 62 x 15 cm für die untere Reverseapplikation.
Bei vorliegendem Modell wurde der Halsausschnitt etwas flacher zugeschnitten und die Schulterbreite verringert, um einen U-Boot-Ausschnitt zu erhalten.

Mit dem Textilmalstift werden mithilfe eines Lineals auf das Vorder- und das Rückenteil der Zeichnung entsprechend Streifen eingezeichnet (siehe Foto S. 21 oben; die Maße entnehmen Sie der unten abgebildeten schematischen Darstellung). Bei größeren oder kleineren Schnittgrößen werden entsprechend Streifen hinzugefügt bzw. weggelassen.

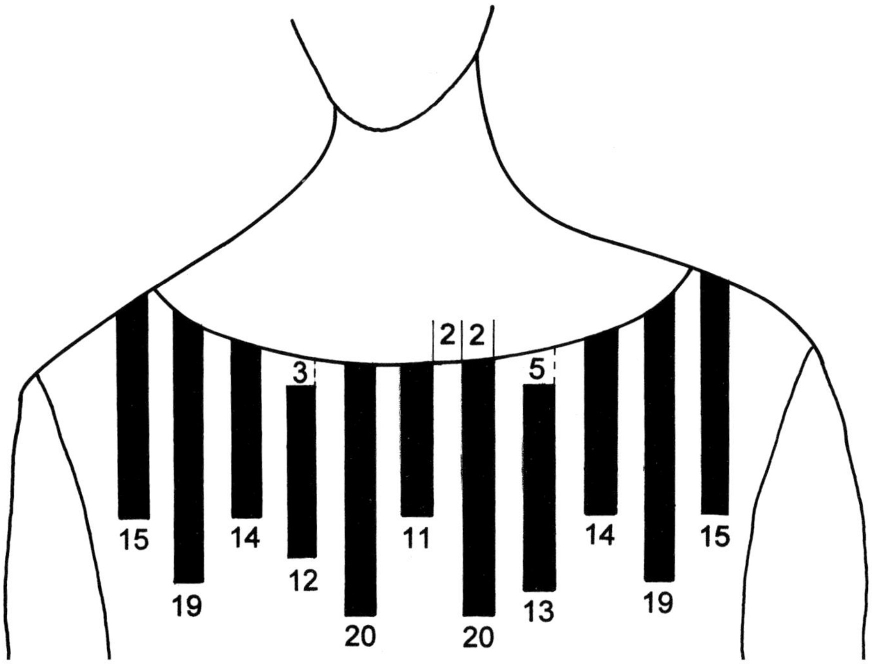

Streifenlänge Halsausschnitt

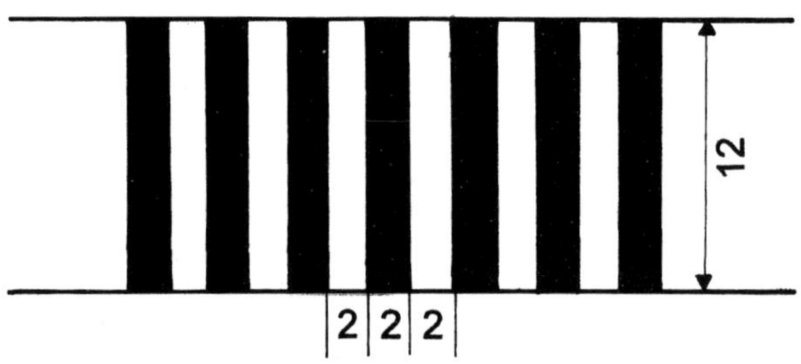

Streifenlänge Saum

Legen Sie auf die Rückseite der beiden Leinenteile oben und unten die entsprechenden Organzastücke auf, und zwar so, dass das gezeichnete Muster vollständig unterlegt ist. Die Kanten des Organzastoffes, die zur Mitte zeigen, sollten bereits versäubert sein. Fixieren Sie das Leinen ausreichend mit Stecknadeln auf dem Unterstoff und schneiden Sie den Organza an Hals- und Armausschnitt zurück.
Mit Stichlänge 2 werden alle aufgezeichneten Linien abgesteppt und am Anfang und am Ende mit Rückstich fixiert. Markieren Sie die Streifen, die ausgeschnitten werden sollen, zusätzlich mit Schneiderkreide, um sie deutlicher abzuheben.

Schneiden Sie die Streifen von rechts bis dicht vor die Naht aus dem Leinen heraus, am besten mit einer Applikationsschere. Kleine abstehende Fäden schneiden Sie später ab, nicht daran ziehen!

Versäubern Sie die Kanten auf der rechten Stoffseite mit dichtem Zickzackstich. Es sollte kein Stoff zwischen den Stichen durchscheinen. Benutzen Sie ein Garn nach Wahl – jedes Garn produziert ein anderes Stichbild. Hier wurde Maschinenstickgarn gewählt und mit Stichlänge 0,6 und Stichbreite 3 genäht.
Entsteht ein unklares Stichbild, sollten Sie die obere Fadenspannung etwas lockern und den Nähfußdruck verringern. Es empfiehlt sich, vorher eine Probe zu nähen und verschiedene Stichlängen und -breiten zu testen. Eine saubere Linie an den Streifenrändern entsteht, wenn überwiegend auf dem Leinen genäht wird.

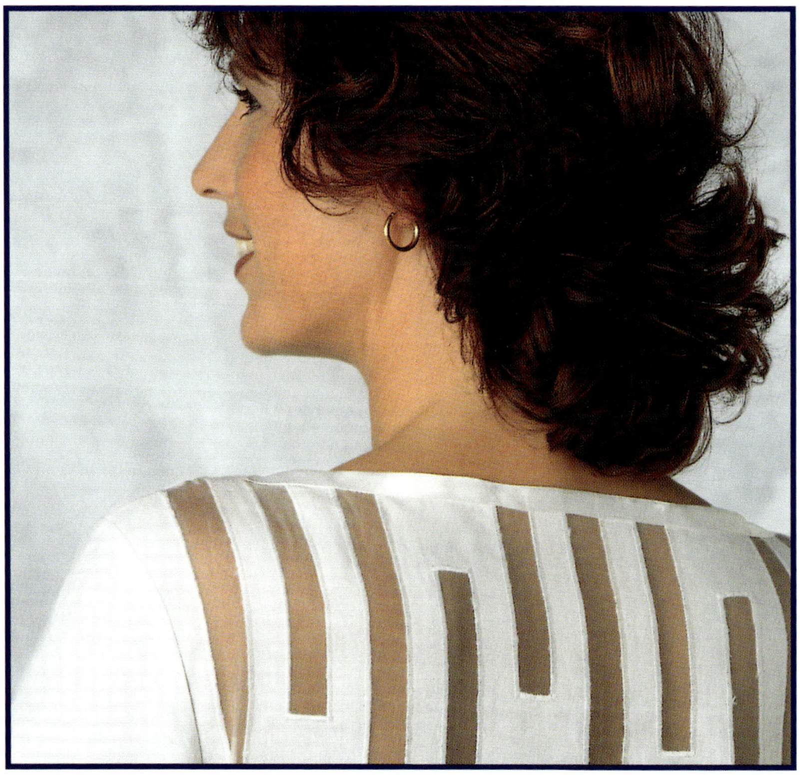

Weitere Verarbeitung:
Versäubern Sie den Halsausschnitt mit Satinband und schließen Sie die Schulternähte. Setzen Sie die Ärmel ein und schließen Sie die Seitennähte. Fassen Sie die untere Kante mit Satinband ein und säumen Sie zuletzt die Ärmelkanten.

Auch auf dem Rückenteil wirken die Organzastreifen kleidsam und dekorativ.

Schnitt:
1a–1c, Gr. 40

Material:
1,50 m schwarzes Leinen, 1,40 m breit, 40 cm weißes Leinen, 1,40 m breit

Werkzeuge und Zubehör:
Lineal, weißer Textilmalstift, passendes Nähgarn, Schneiderkreide, kleine scharfe Schere oder Applikationsschere, passendes Maschinenstickgarn (Madeira)

Schneiden Sie alle Teile mit normaler Nahtzugabe aus dem schwarzen Leinen zu. Auf das Vorderteil und die Ärmel zeichnen Sie mit dem weißen Textilmalstift auf die rechte Seite des Stoffes den Zeichnungen entsprechend das Muster für die Applikation auf (s. S. 25).

3 cm oberhalb und 3 cm unterhalb der äußeren Linien einer jeden Streifengruppe werden zur Markierung Stecknadeln quergesteckt. Messen Sie die Flächen für die Applikationen aus und schneiden Sie entsprechend diesen Maßen die weißen Leinenstücke zu.

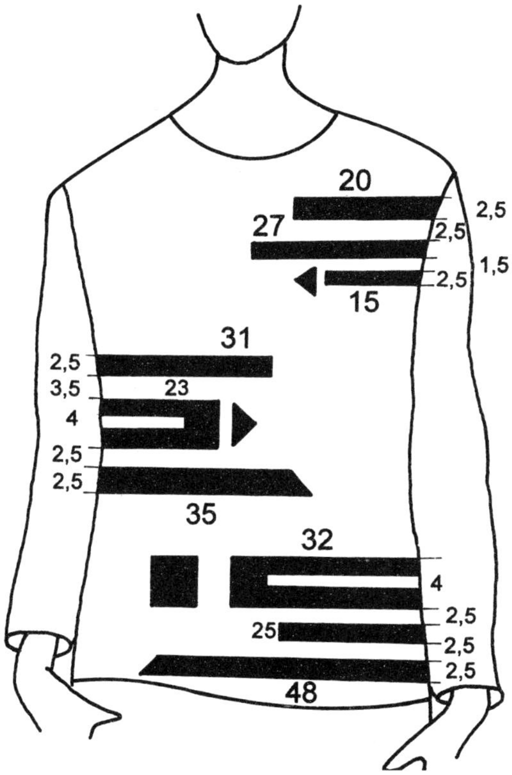

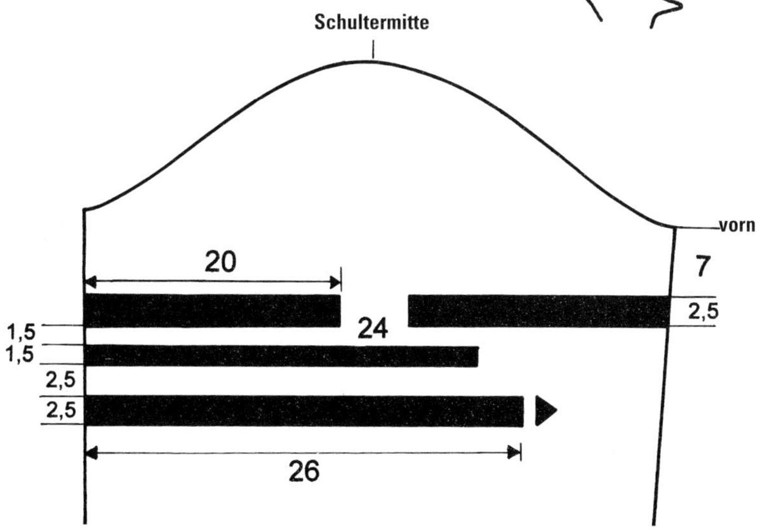

Drehen Sie das Vorderteil und die Ärmel auf links und legen Sie das weiße Leinen, mit der linken Seite nach oben, genau zwischen die Stecknadelmarkierungen.
Sie können den Stoff ringsherum anheften oder mit Stecknadeln feststecken. Anschließend die Teile wieder auf rechts drehen und mit Stecknadeln fixieren.
Entfernen Sie alle Stecknadeln auf der Rückseite und steppen Sie die aufgezeichneten Linien mit Stichlänge 2 ab. Fixieren Sie Nahtanfang und -ende mit Rückstich. Markieren Sie die Streifen, die ausgeschnitten werden müssen, und schneiden Sie sie bis dicht vor die Naht aus (siehe weißes Shirt mit Organza).

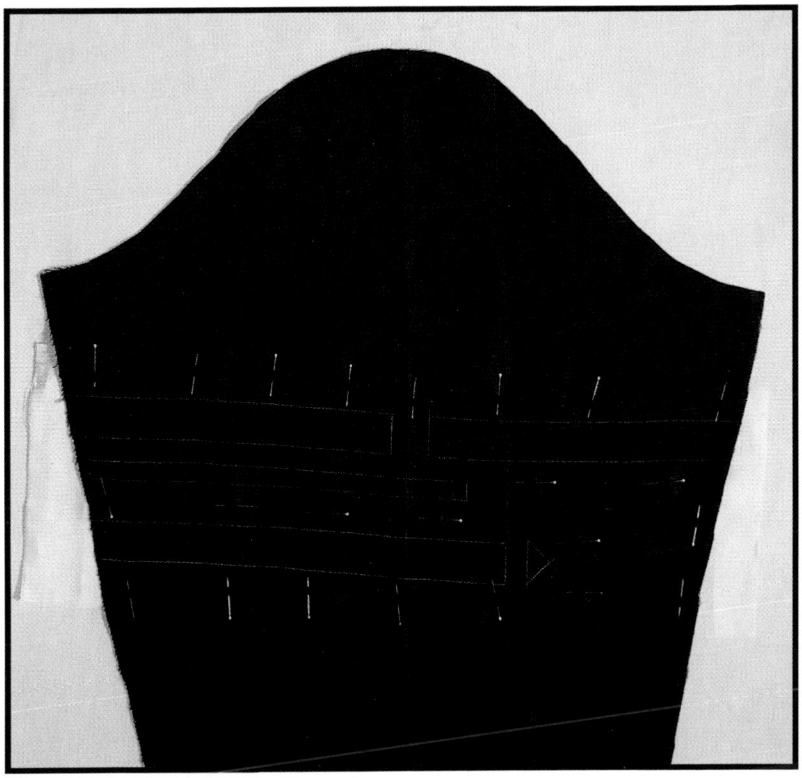

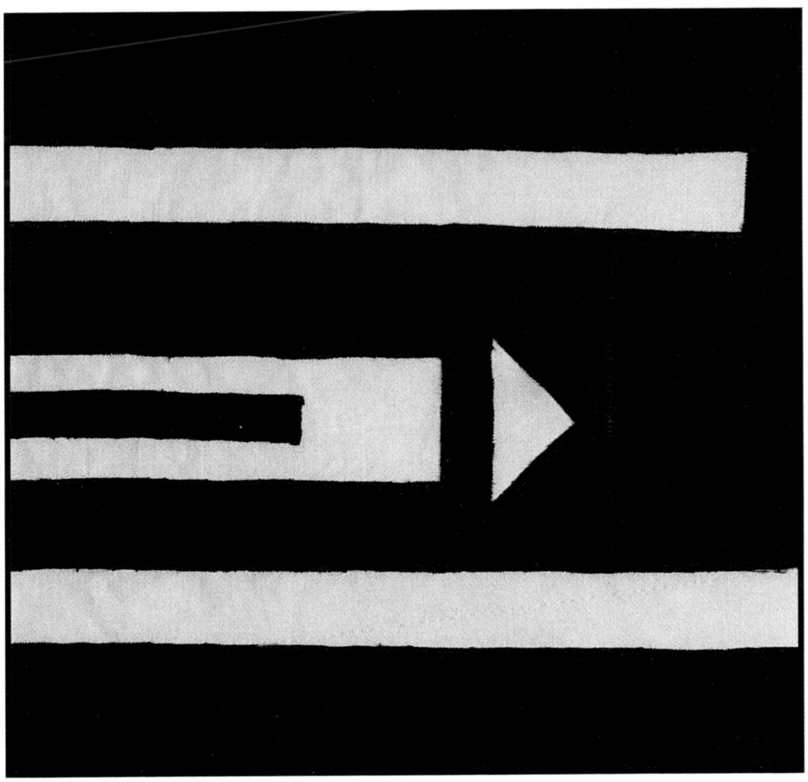

Überstehende Fäden werden vorsichtig abgeschnitten und die Kanten mit Zickzackstich versäubert.
Verwenden Sie ein Nähgarn, das farblich dem Oberstoff entspricht. Auch Maschinenstickgarn eignet sich für alle Arten von Applikationen sehr gut. Der Zickzackstich sollte so eng eingestellt werden, dass die Farbe der Reverseapplikation nicht durchscheint. Die Stichlänge und -breite hängt vom Garn ab, deshalb sollten Sie vorher eine Probe nähen. Hier wurde Stichbreite 3 gewählt. Keine Angst vor kleinen Unebenheiten, niemand wird Ihre Stiche am Ende mit der Lupe kontrollieren.

Auf der Rückseite schneiden Sie den überstehenden Stoff bis kurz vor die Zickzacknaht zurück. Anschließend bügeln Sie alle Teile mit Dampf glatt.

Weitere Verarbeitung:
Schließen Sie die Schulternähte und versäubern Sie den Halsausschnitt mit einer Blende. Setzen Sie die Ärmel ein, schließen die Seitennähte und säumen alle Kanten.

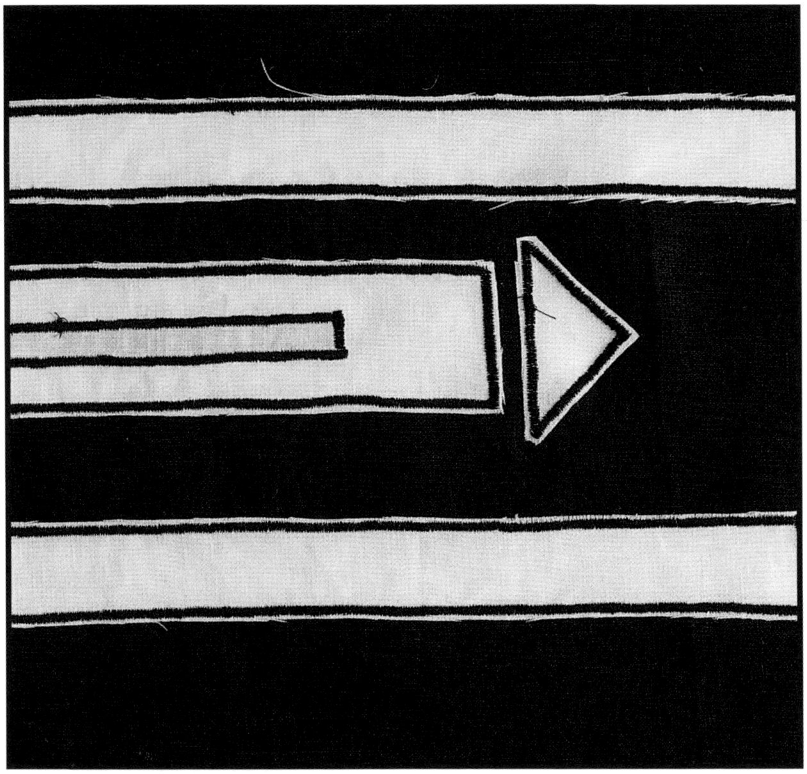

Sie können auch Streifen hinzufügen oder weglassen und Anordnung bzw. Maße verändern.

Schnitt:
2a–2c, Gr. 38

Material:
1,10 m naturfarbenes Leinen,
1,50 m breit,
35 x 35 cm weißes Leinen

Werkzeuge und Zubehör:
1 Bogen Transparentpapier A 3, Filzstift, Lineal, Textilmalstift, passendes Nähgarn, kleine scharfe Schere oder Applikationsschere, passendes Maschinenstickgarn (Madeira)

Schneiden Sie das Shirt mit normaler Nahtzugabe aus dem naturfarbenen Leinen zu. Mit einem Filzstift pausen Sie den Stern vom Vorlagenbogen auf Transparentpapier ab. Benutzen Sie für längere Linien das Lineal. Stecken Sie das weiße Leinen mit Stecknadeln auf das Transparentpapier und pausen Sie das Motiv mit dem Textilmalstift auf den Stoff. Sie können auch eine andere Methode zum Übertragen des Motivs wählen. Es gibt z. B. Stifte (Transfer-Pencil), deren Strich durch Bügeln übertragbar ist; allerdings sind die Linien für kleine Motive meist nicht fein genug.
Stecken Sie den Stern auf die Rückseite des Vorderteils mittig fest. Der Abstand vom Halsausschnitt bis zur äußeren Sternenkante sollte 7 cm betragen. Steppen Sie, in der Mitte beginnend, alle Linien mit Stichlänge 2 ab; verwenden Sie beim Nähgarn die Farbe des Shirts. Bügeln Sie den Stern anschließend mit Dampf.
Wenden Sie das Vorderteil auf rechts und schneiden Sie den Stern aus. Arbeiten Sie gewissenhaft, damit Sie nicht in den Unterstoff schneiden.
Zum Versäubern mit Zickzackstich wurde hier normales Nähmaschinengarn verwendet und mit Stichlänge 0,5 und Stichbreite 2 genäht. Sie können ein Nähgarn Ihrer Wahl oder auch Maschinenstickgarn verwenden. Nähen Sie in jedem Fall zuerst eine Probe und testen Sie die Stiche aus. Es sollte ein klares Stichbild entstehen und kein Kontraststoff zwischen den einzelnen Stichen durchscheinen.
Auf der Rückseite kann nun der überstehende äußere weiße Stoff abgeschnitten werden. Anschließend den Stern mit Dampf bügeln.

Weitere Verarbeitung:
Schließen Sie die Schulternähte und versäubern Sie den Halsausschnitt mit einer Blende. Anschließend die Ärmel einsetzen, die Seitennähte schließen und die Kanten säumen.

Schnitt:
3a und 3b, Gr. 40

Material:
70 cm naturfarbenes Leinen, 1,50 m breit, 2 Leinenstreifen in verschiedenen Grüntönen 1,50 m x 10 cm, 70 cm Futterstoff, 1,50 m breit

Werkzeuge und Zubehör:
1 Bogen Schablonenfolie, Schneidmatte, Rollschneider, passendes Nähgarn, kleine scharfe Schere oder Applikationsschere

Schneiden Sie Ihre Weste mit normaler Nahtzugabe aus dem naturfarbenen Leinen zu. Zeichnen Sie im Rückenteil die Abnäher ein, damit Sie an dieser Stelle nicht versehentlich Applikationen anbringen. Pausen Sie die Blattmotive von nebenstehender Abbildung auf die Schablonenfolie ab und schneiden Sie sie aus. Legen Sie Ihre Schablone auf das grüne Leinen und schneiden Sie mit dem Rollschneider von jedem Motiv mehrere aus. Es sollten ruhig einige Teile mehr sein, als Sie brauchen – umso kreativer können Sie variieren und arbeiten.

Legen Sie die Motive auf die Rückseite Ihrer zugeschnittenen Westenteile auf. Haben Sie das endgültige Arrangement gefunden, stecken Sie alles gut mit Stecknadeln fest, und zwar so, dass die Nadelköpfe nach außen zei-

gen. So können Sie sie beim Nähen bequem herausziehen. Genäht wird mit Geradstich ca. 2 mm vom Motivrand entfernt.

Über die gerade Naht wird noch einmal mit Zickzackstich genäht, mit Stichlänge 1 und Stichbreite 2,5.

Hier wurde der Unterfaden in der Farbe des Westenstoffes gewählt, da er auf der rechten Seite zu sehen ist.

Sie können auch mit Kontrast arbeiten und Nähgarn in der Farbe des Applikationsstoffes verwenden. Das ist Geschmacksache, probieren Sie es vorher aus.

Wenden Sie die Westenteile auf rechts und schneiden Sie die Motive vorsichtig aus. Der überstehende Rand sollte ca. 5 mm breit sein. Schneiden Sie den Rand ca. alle 2 cm ein.

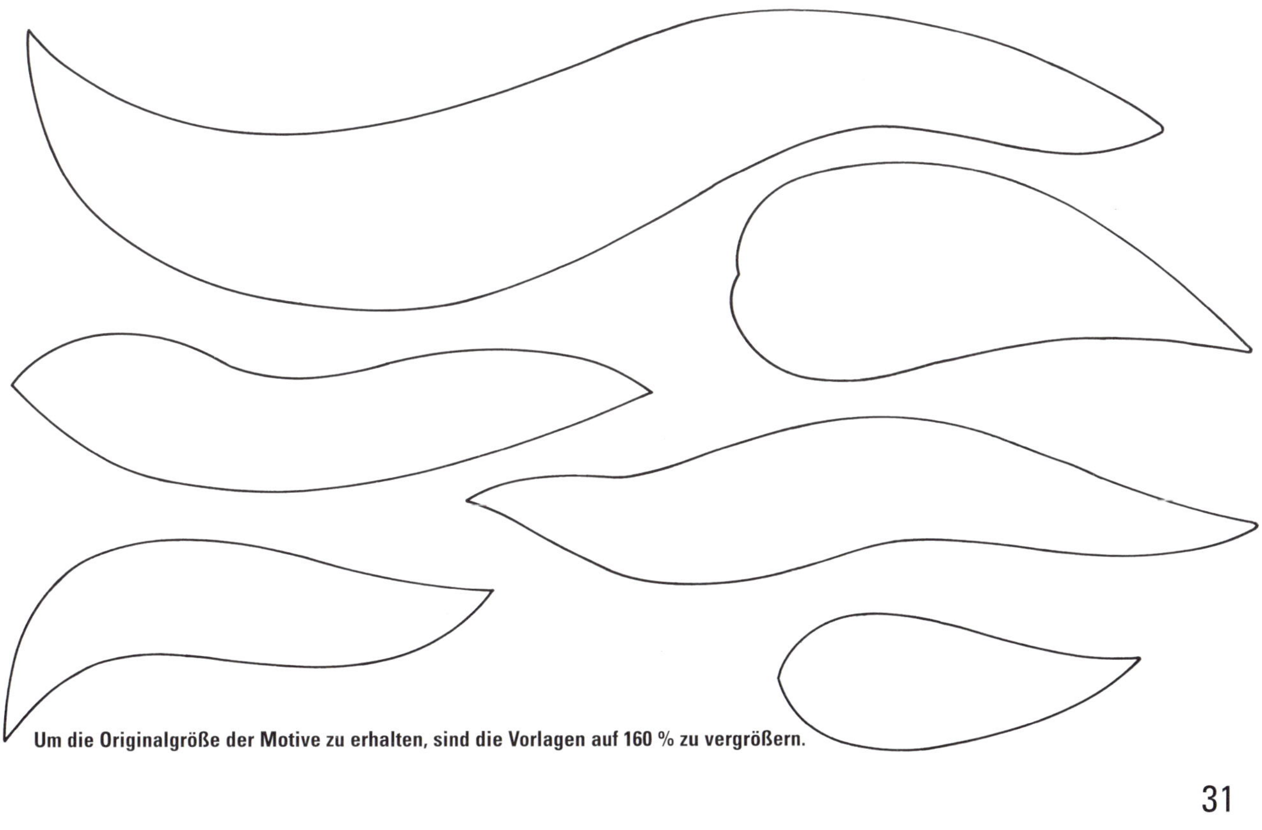

Um die Originalgröße der Motive zu erhalten, sind die Vorlagen auf 160 % zu vergrößern.

Nun können Sie die „Säume" leicht ausfransen. An manchen Stellen müssen die Fransen angepasst und nachgeschnitten werden. Nehmen Sie sich diesen Arbeitsgang in mehreren Etappen vor, da er ein wenig langwierig ist. Legen Sie sich dabei ein Handtuch auf den Schoß, mit dem Sie die kleinen Fädchen auffangen.

Weitere Verarbeitung:
Schließen Sie zunächst die Abnäher vom Rückenteil, dann die Schulter und Seitennnähte. Nähen Sie den Belag an und nach dem Abfüttern werden alle Kanten füßchenbreit abgesteppt.

Auch das Rückenteil kann mit Reverseapplikationen gestaltet werden.

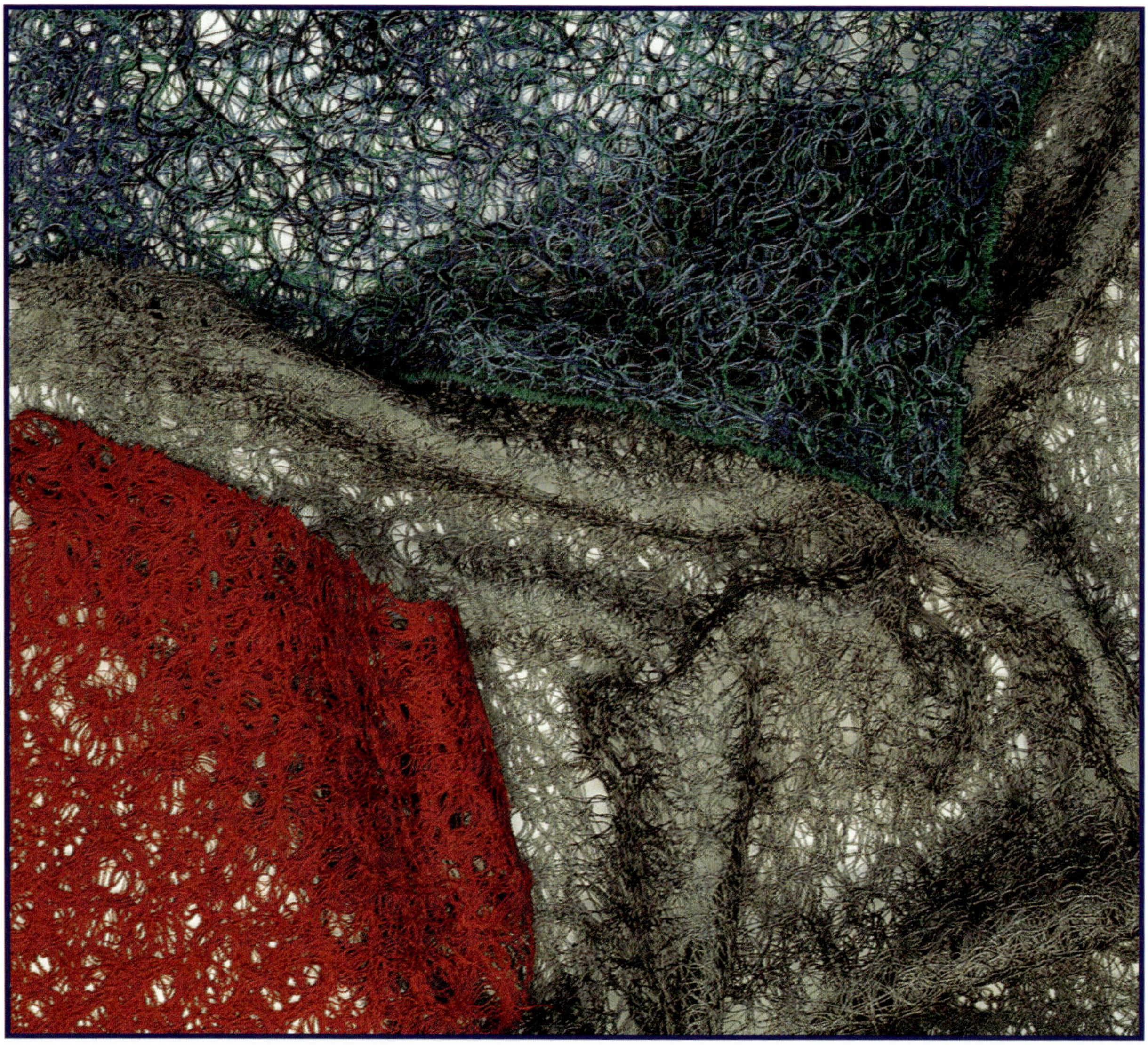

3 Beispiele für Fadenstoffe:

Türkis: Maschinennähgarn (Royalblau, Grün, Türkis)
Grau: Nähseide
Rot: Knopflochseide

Stoffe in Fadentechnik sehen raffiniert aus und lassen sich mit ein wenig Übung leicht herstellen.
Sie brauchen dazu mehrere Rollen Garn und Avalon-Folie – ein transparentes, wasserlösliches Material, das auch zum Erstellen von Stickereien verwendet wird. Die Folie fungiert bei der Fadentechnik als Träger des losen Garns und wird, wenn der Fadenstoff fertig gestellt ist, einfach mit Wasser herausgespült.

Das Garn wird auf die Avalon-Folie abgerollt und mit einer bestimmten Nähtechnik fixiert. Die Art des Garns können Sie frei wählen. Es können alle Arten von Nähgarn verwendet werden, z. B. Nähgarn aus Baumwolle und Seide, Maschinennähgarn oder auch Wolle.
Eine besonders schöne optische Wirkung wird erreicht, wenn für einen Fadenstoff mehrere Farbtöne kombiniert werden.

Schnitt:
5a–5c, Gr. 40

Material:
3 Rollen schwarzes Nähgarn à 1000 m, 1,60 m schwarzer Organza, 80 cm breit

Werkzeuge und Zubehör:
2 Packungen Avalon-Folie (Madeira), passendes Nähgarn

Das Obershirt bei diesem Modell wird aus Garn hergestellt. Das bedarf einer bestimmten Nähtechnik, und bevor Sie mit der Fertigung des Fadenstoffes beginnen, sollten Sie diese zuerst auf einem normalen Stück Stoff erlernen. Üben Sie am besten auf zwei Lagen einfarbigem, ca. 25 x 25 cm großem Baumwollstoff. So können Sie Ihre Stiche gut kontrollieren.

Lockern Sie zunächst die Oberfadenspannung leicht. Stellen Sie den Nähfußdruck auf „stopfen" (Husqvarna) und regulieren Sie ihn so, dass Sie den Stoff unter dem Nähfuß locker hin- und herziehen können. Beim Arbeiten mit Folie muss dann der Abstand zwischen Nähfuß und Material wieder etwas größer sein (bei der Bernina den Stopffuß verwenden).
Der Transporteur bleibt oben. Führen Sie den Stoff beim Nähen so, dass Zickzacklinien entstehen. Achten Sie dabei auf ein gemäßigtes Nähtempo. Näht die Maschine zu schnell oder sind Ihre Bewegungen zu langsam, werden die Stiche zu klein oder Sie nähen auf der Stelle. Eine Zickzacklinie sollte ca. 3–4 cm breit sein. Sind Sie mit einer Reihe am Ende, drehen Sie den Stoff, ohne dabei den Faden abzuschneiden, und nähen in die entgegengesetzte Richtung.

Sie arbeiten ohne Vorlage, somit fallen die Linien unregelmäßig aus. Das ist völlig in Ordnung. Wichtig ist, dass das Nähbild auf Vorder- und Rückseite gleich ist. Falls das Stichbild Unterschiede aufweist, kontrollieren Sie bitte die Fadenspannung.
Haben Sie einige Partien genäht, drehen Sie den Stoff um 90° und nähen noch einmal nach dem gleichen Schema.
Verlieren Sie nach den ersten misslungenen Versuchen nicht den Mut! Denken Sie an das Endresultat und welch außergewöhnliches Material Sie herstellen.

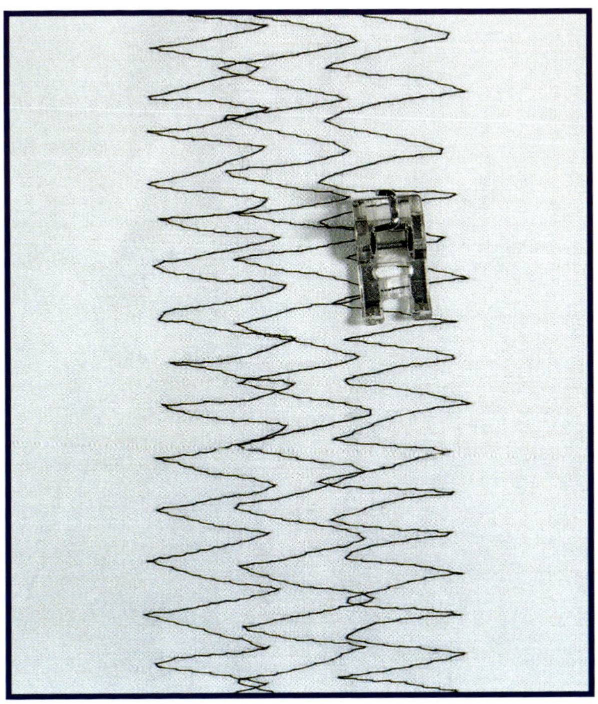

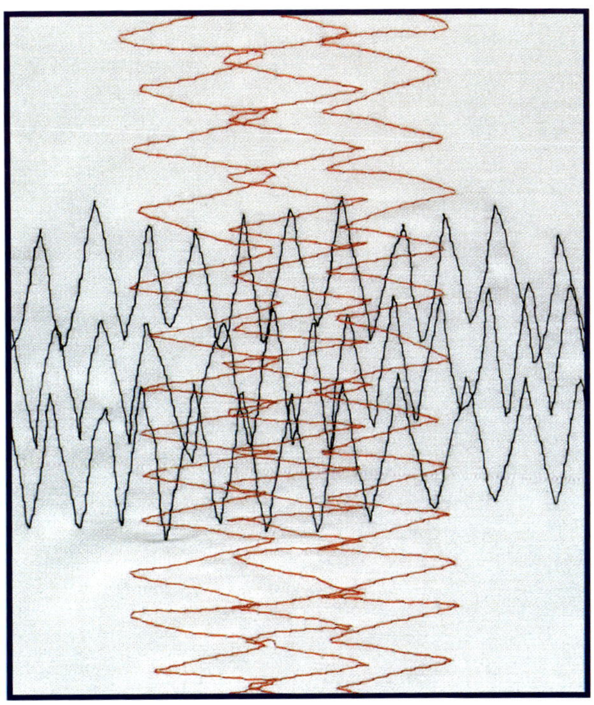

Fadentechnik

Um den Fadenstoff für das Top herzustellen, schneiden Sie zunächst 12 Bahnen Avalon-Folie von 70 cm Länge zu. Die Breite der erhältlichen Folie beträgt 25 cm. Nähen Sie jeweils drei Bahnen in Zickzacktechnik mit ca. 2 cm Untertritt aneinander. Es ergeben sich vier Stücke.

Rollen Sie nun das Garn auf ein zusammengenähtes Folienstück ab, zunächst mehrere Male in Querrichtung hin und zurück, bis die Folie locker bedeckt ist, wiederholen Sie den Vorgang sodann in Längsrichtung. Drücken Sie das Garn zwischendurch mit der Hand flach. Um die richtige Fadendichte zu erhalten (siehe Foto), werden sechs Schichten übereinandergerollt (ca. 1200 m), es darf aber auch etwas mehr oder etwas weniger Garn sein. Wichtig ist, dass das Garn an den Rändern genauso dicht ist wie im Mittelteil. Legen Sie vorsichtig ein zweites Folienstück über das Garn und stecken Sie beide Folien reichlich mit Stecknadeln zusammen, und an den Rändern ringsherum. Verwenden Sie am besten Nadeln, die man übernähen kann. Achten Sie darauf, dass keine Fadenschlingen über die Folienränder hinausragen.

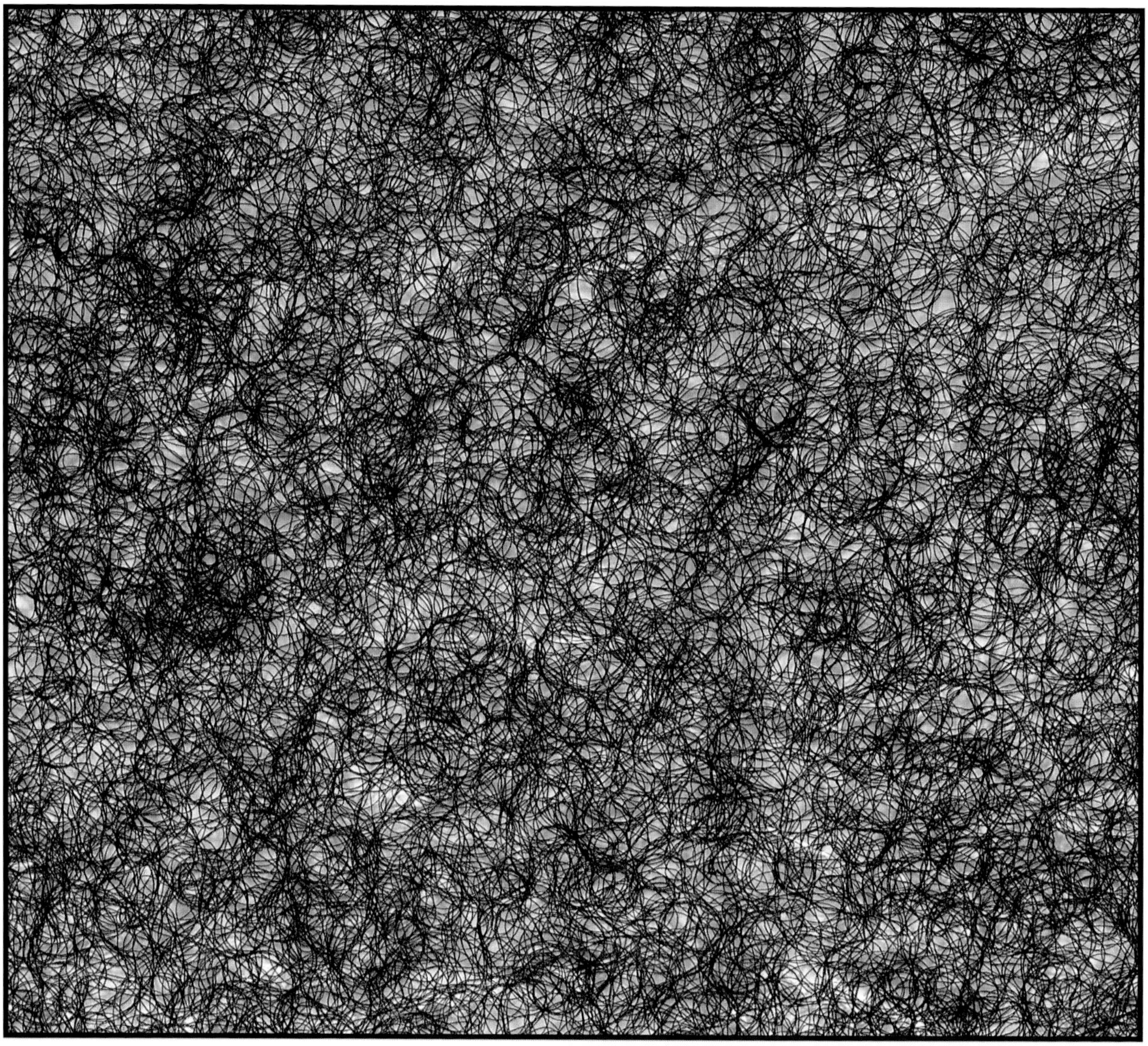

Wenn Sie versehentlich darin hängen bleiben, ziehen Sie einen großen Teil des Garns wieder heraus.
Beginnen Sie mit der ersten Zickzacknaht in der Mitte und übernähen Sie erst die eine, dann die zweite Hälfte. Die Folie kann beim Nähen an den Rändern vorsichtig nach innen eingeschlagen werden, damit sie besser zu handhaben ist. Die Fäden verschieben sich dadurch nicht.

Ist die Folie in einer Richtung vollständig übernäht, um 90° drehen und wieder von der Mitte beginnend nach außen nähen, erst zu einer, dann zur anderen Kante. Wenn in der Folie Beulen entstehen, nähen Sie einfach darüber; sie ist großzügig zugeschnitten.

Nach dem Nähen werden die Außenkanten gerade abgeschnitten und mit Zickzackstich versäubert.

Nun stellen Sie auf die gleiche Weise einen zweiten Fadenstoff her.
Sind die Folien für das Vorder- und das Rückenteil des Tops fertig übernäht, werden sie in die Badewanne gelegt und so lange abgeduscht, bis die Folie entfernt und jeglicher Schaum abgespült ist. Das Material darf sich nicht mehr glitschig anfühlen.
Zwischendurch immer wieder wenden, danach in ein großes Handtuch einschlagen und zum Aufsaugen der Nässe mit der flachen Hand leicht darauf klopfen. Zum Trocknen flach ausbreiten. Fühlt sich das trockene Stück hart an, müssen Sie noch einmal nachspülen.

Nach dem Trocknen wird es vorsichtig mit Dampf glatt gebügelt.
Stecken Sie nun den Papierschnitt 5a und 5b mit Stecknadeln auf den Stoff und nähen mit schmalem Zickzackstich am Schnittumriss entlang, nur die Schulter und Seitennähte bekommen Nahtzugabe. Nehmen Sie den Schnitt wieder ab und schneiden Sie die beiden Teile entlang der Naht aus.
Schließen Sie die Brustabnäher, die Schulter- und die Seitennähte und bügeln Sie anschließend die Nahtzugaben auseinander. Übernähen Sie alle Kanten des Tops – außer der des Halsauschnittes – zur Sicherung ein weiteres Mal mit Zickzackstich.
Das Shirt aus Organza wird aus demselben Schnitt mit normaler Nahtzugabe zugeschnitten, plus Ärmel.

Weitere Verarbeitung:
Schließen Sie die Schulternähte, versäubern Sie den Halsausschnitt und setzen Sie anschließend die Ärmel ein. Schließen Sie die Seitennähte und säumen Sie die Kanten.
Nun erst wird der Halsausschnitt des Tops fertig gestellt: Probieren Sie das Top über dem Organzashirt an und legen Sie selbst fest, wie tief der Halsausschnitt sein soll.
Beim Vergrößern des Ausschnittes zuerst mit Kreide vorzeichnen, mit Zickzackstich darüber nähen und dann abschneiden. Die Kante ein zweites Mal mit Zickzackstich übernähen und – ebenso wie an der unteren Kante des Tops – füßchenbreit eine zweite Naht danebensetzen. Sie dient zur Zierde.

Schnitt:
6a und 6b, Gr. 40

Material:
2 Hände voll rohe gewaschene Schafwolle, 1 Hand voll Fäden (grobes und feines Garn)

Werkzeuge und Zubehör:
2 Packungen Avalon-Folie (Madeira), passendes Nähgarn, Schneidmatte, Rollschneider, Zwillingsnadel

Schneiden Sie 11 Bahnen Avalon-Folie von 65–70 cm Länge zu. Die Breite der erhältlichen Folie beträgt 25 cm. Für die Vorderteile nähen Sie 2 x 3 Bahnen in Zickzacktechnik wie beim vorhergehenden Modell zusammen (siehe Seite 35), der Untertritt beträgt ca. 2 cm.
Die fertigen Folienstücke jeweils zwischen den beiden mittleren Nähten durchschneiden.
Für den Rücken nähen Sie fünf Bahnen zusammen und halbieren diese ebenfalls zwischen den mittleren Nähten.

Die Wolle auseinander zupfen und in einer dünnen Schicht auf jedes Folienstück legen; die Wolle sollte ungleichmäßig verteilt sein, etwa wie Schäfchenwolken. Darauf können Sie ganz nach Belieben mit Fäden ein Muster legen oder Garnhäufchen platzieren. Es ist Ihr Design!
Auf das Garn werden noch einmal hauchdünne Wollflöckchen verteilt. Die gesamte Schicht sollte so beschaffen sein, dass stellenweise noch der Untergrund durchschimmert. Sonst wird der Fadenstoff zu dick.

Es empfiehlt sich, vorher eine Probe zu nähen.
Nun legen Sie die zweite Folie über das Faden-Woll-Arrangement, stecken alles gut mit Stecknadeln zusammen und übernähen die Schichten in der Zickzacktechnik. Anschließend nähen Sie die Kanten mit Zickzackstich ab. Spülen Sie die Folie unter der Dusche vollständig heraus, es darf sich kein Schaum mehr bilden.

Klopfen Sie die Fadenstoffe in einem großen Handtuch etwas trocken und breiten Sie sie aus. Nach dem vollständigen Trocknen bügeln Sie die Stoffe vorsichtig mit Dampf glatt. Schneiden Sie anschließend das Rückenteil und die zwei Vorderteile zu, an Schulter- und Seitenkanten mit normaler Nahtzugabe, an allen anderen Kanten mit 1 cm Zugabe.

Schließen Sie die Schulternähte und bügeln Sie die Nahtzugaben auseinander. Mit einer Zwillingsnadel steppen Sie rechts und links von der Schulternaht füßchenbreit ab. Auf der Rückseite entsteht eine Zickzacklinie, die Kanten sind somit gleichzeitig versäubert. An den Armausschnitten werden die Nahtzugaben knapp eingeschnitten und 1 cm breit nach innen umgeheftet. Bügeln Sie die Armausschnitte mit Dampf und steppen Sie sie mit der Zwillingsnadel füßchenbreit von rechts ab. Schließen Sie nun die Seitennähte. An den Außenkanten werden alle Rundungen knapp eingeschnitten, umgeheftet, gebügelt und ebenfalls mit der Zwillingsnadel abgesteppt. Prüfen Sie, ob überstehende Kanten auf der linken Seite noch abgeschnitten werden müssen.

Bei diesem Modell wurden mit Leinenfäden kleine Perlmuttknöpfe aufgeknotet. Sie können andere Knöpfe oder Verzierungen wählen. Lassen Sie Ihrer Fantasie freien Lauf!

Schnitt:
2a–2c, Gr. 38

Material:
1,10 m naturfarbenes Leinen, 1,40 m breit, 2 Rollen weißes dickes Klöppelgarn oder starkes Baumwollgarn

Werkzeuge und Zubehör:
1 Packung Avalon-Folie (Madeira), passendes Nähgarn, Schneidmatte, Rollschneider, kleine scharfe Schere oder Applikationsschere

Schneiden Sie das Shirt mit normaler Nahtzugabe aus dem Leinen zu.
Für die Einsätze brauchen Sie 70 x 25 cm Fadenstoff. Bei diesem Modell wurde Klöppelgarn verwendet, natürlich eignet sich auch ein stärkeres Baumwollgarn oder Knopflochseide. Letzteres dürfte zwar etwas teurer werden, da Sie für den Fadenstoff ca. 30–35 Rollen benötigen, doch ist die Brillanz des Stoffes dafür einmalig.
Schneiden Sie zwei Folienstreifen von 70–80 cm Länge zu. Die Breite der Folie beträgt 25 cm. Rollen Sie das Garn auf der Folie ab, erst mehrere Male quer, dann in Längsrichtung, bis die richtige Fadendichte erreicht ist. Klopfen Sie das Garn zwischendurch mit der Hand flach. Legen Sie die zweite Folie darüber und stecken Sie sie mit übernähbaren Stecknadeln fest.

Übernähen Sie die Folie mit normalem, farblich passendem Nähmaschinengarn in der Zickzacktechnik (siehe Seite 35). Schneiden Sie anschließend die Kanten gerade und versäubern Sie sie mit einem breiten Zickzackstich.
Duschen Sie den Fadenstoff ab, bis die Folie restlos entfernt ist (es bilden sich dann keine Schaumbläschen mehr).
Schlagen Sie den Stoff in ein Handtuch ein, klopfen Sie ihn leicht trocken und breiten Sie ihn aus. Bügeln Sie ihn nach dem Trocknen vorsichtig mit Dampf.
Legen Sie nun den Papierschnitt auf (siehe Vorlagenbogen) und schneiden Sie die Motive mit dem Rollschneider aus. Legen Sie den Schnitt jeweils so, dass die Rundungen ungefähr ineinander passen. Aus dem übrigen Fadenstoff können Sie weitere Motive aus-

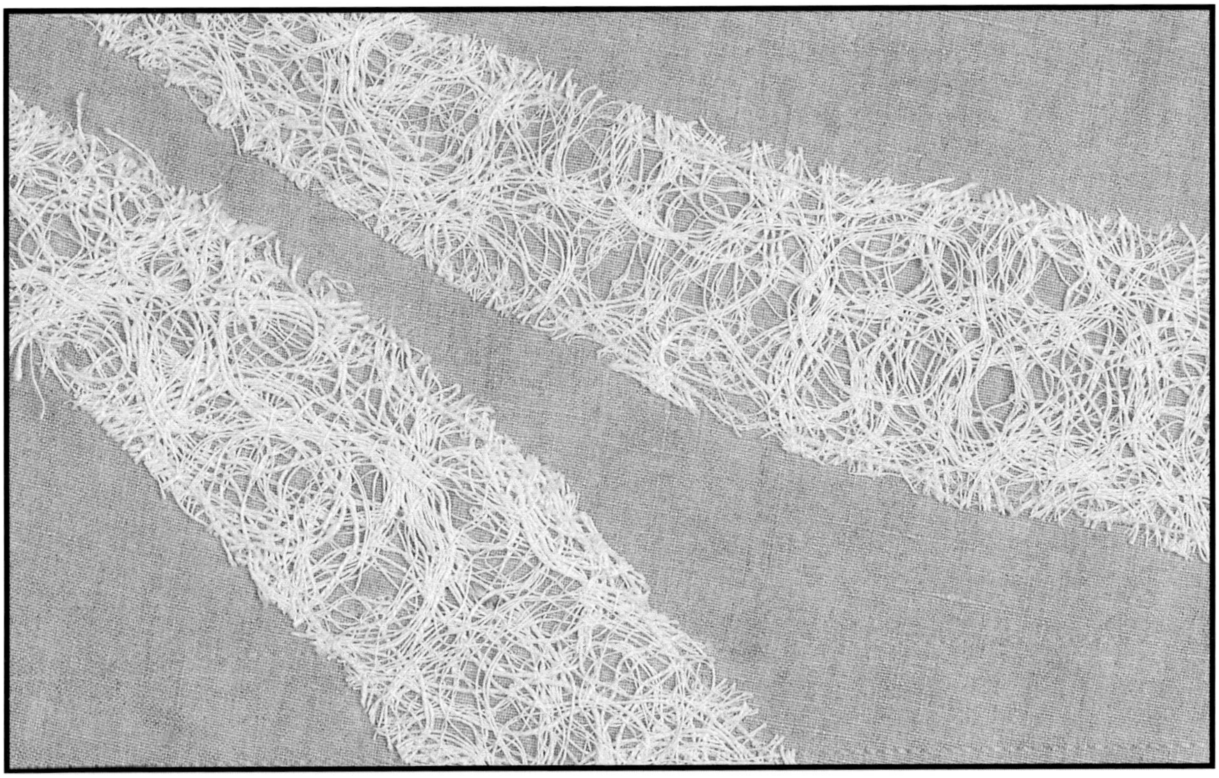

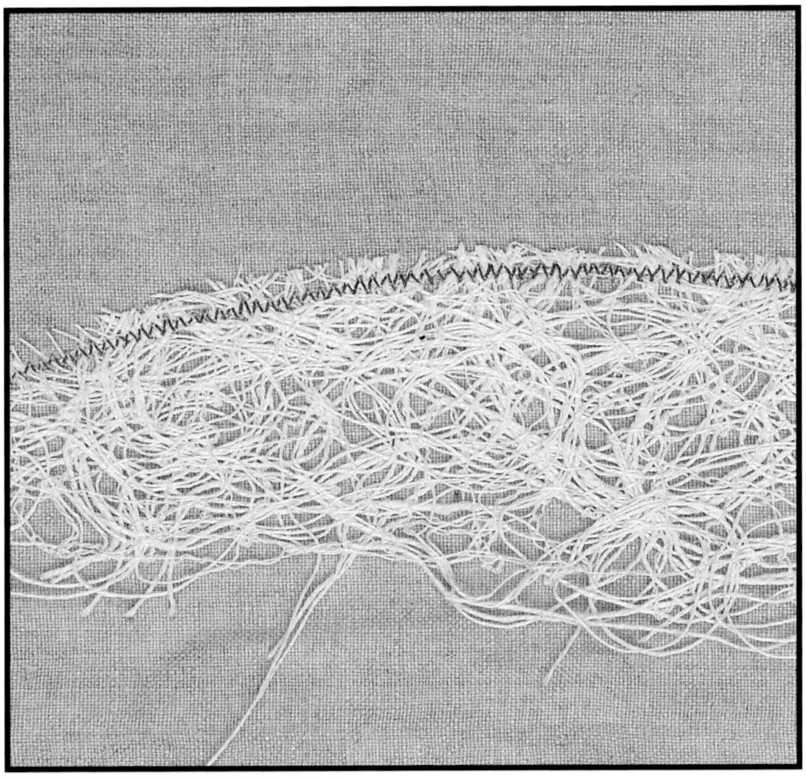

schneiden; Blätter bieten sich durch die vorhandenen Rundungen gut an. Arrangieren Sie die ausgeschnittenen Motive auf der Rückseite des Vorderteils und stecken Sie sie mit Stecknadeln fest. Sie werden mit kleinen Zickzackstichen aufgenäht. Lassen Sie neben der Zickzacknaht 5 mm Fadenstoff stehen.

Zur besseren Ansicht ist die Naht hier farbig dargestellt.

Schneiden Sie die Motive auf der Vorderseite bis dicht vor die Naht aus dem Leinen heraus. Arbeiten Sie sehr vorsichtig.
Versäubern Sie anschließend die Schnittkanten mit dichtem Zickzackstich. Benutzen Sie ein Garn nach Wahl, doch nähen Sie vorher eine Probe, um das Stichbild zu testen. Probieren Sie verschiedene Stichlängen und -breiten aus. Bei diesem Modell wurde mit Stichlänge 0,5 und Stichbreite 2,5 genäht.

Weitere Verarbeitung:
Schließen Sie die Schulternähte des Shirts und versäubern Sie den Halsausschnitt mit einer Blende. Setzen Sie die Ärmel ein, schließen Sie die Seitennähte und säumen Sie die Kanten.
Aus dem Fadenstoff können Sie auch selbst entworfene Motive ausschneiden und applizieren. Die Teile dürfen jedoch nicht zu klein sein, weil sich sonst die Fäden aus dem Zickzackstich lösen.

Die Streifen können ganz nach Geschmack variiert werden.

Chenille

Das Herstellen eines Chenille-Stoffes ist stets für eine Überraschung gut, und das Resultat ist auch mit viel Erfahrung nicht immer vorhersehbar. Deshalb ist es ratsam, vor dem Kauf der benötigten Stoffmenge immer einige Proben zu nähen. Somit können Sie das Aufspringen und das Farbspiel der Stoffe testen. Stoffe gleicher Art können sich ganz unterschiedlich verhalten. Manchmal wiederum können Stoffreste Verwendung finden, die Sie sonst nicht gerne mögen, die aber gerade in Chenille sehr gut wirken. Geben Sie diesen Stoffen die Chance, ihre eigene Schönheit zu entfalten!
Beim Herstellen von Chenille sind mehrere Stofflagen notwendig. Ein Basisstoff, der nicht zerschnitten wird, liegt zuunterst und dient als Futter. Mehrere Stofflagen darüber, die nach dem Nähen aufgeschnitten werden, ergeben den flauschigen Charakter. Bei den hier vorgestellten Modellen wurde mit fünf Stofflagen gearbeitet.
Für Probestücke reichen Quadrate in der Größe 20 x 20 cm. Tauschen Sie die Stoffe untereinander und probieren Sie verschiedene Kombinationen aus. Lassen Sie bei den Proben eine Ecke ungenäht, damit Sie nach dem Verarbeiten sehen können, wie die Stoffe lagen.
Lassen Sie sich nach einem misslungenen Versuch nicht entmutigen! Haben Sie die richtigen Stoffe gefunden, wird Ihr Kleidungssück ein wunderschönes Unikat.

Bei den abgebildeten Probestücken bekommen Sie einen kleinen Eindruck, wie sich Stoffe verhalten und Farben zusammenwirken können.
Ganz rechts in jeder Stoffgruppe liegt der hergestellte Chenille-Stoff, der aus den Stoffquadraten gearbeitet ist.
Die Quadrate sind so gelegt, wie sie auch übereinander genäht wurden.
Chenille sollte weich und flauschig sein. Um diesen Effekt zu erreichen, verwenden Sie für die oberen Lagen am besten locker gewebte Viskose.
Mit diesem Material wird Ihr Stoff außerdem angenehm leicht. Auch Wolle-Viskose, Acetat-Viskose oder sehr locker gewebte Baumwolle sind gut geeignet, vor allem als Zwischenlagen.
Dagegen bringen Nylon, Cupro, Dupion-Seide und die meisten Futterstoffe nicht das gewünschte Ergebnis.
Als Basisstoff eignen sich leichte, aber eng gewebte Stoffe, z. B. Liberty, Baumwollsatin, leichte Wollstoffe oder Ähnliches.
Das Beispiel mit dem schwarzen, geblümten Stoff obenauf zeigt Ihnen, dass hier das gewünschte flauschige Ergebnis ausblieb. Aber auch ein solcher Effekt kann reizvoll sein.
Beim Probestück in Beige liegt der gleiche Stoff an zweiter Stelle. Hier wird er durch die Fasern des darunter liegenden Stoffes aufgerichtet. Das Resultat ist flauschige Chenille.
Schwere Stoffe sollten Sie am besten für die unterste Lage verwenden.

Schnitt:
7a und 7b, Gr. 42

Material:
4 x 1 m Viskosekrepp, 1,40 m breit, 1 m Baumwollsatin, 1,40 m breit (Basisstoff)

Werkzeuge und Zubehör:
Schneiderkreide oder Textilmalstift, Lineal, passendes Nähgarn, Slashcutter oder Rollschneider mit Omnistrips, scharfe Schere

Bügeln Sie zunächst alle Stoffe.

Das Übereinanderlegen:
Wenn der Basisstoff – die unterste Lage – gemustert ist, sollte das Muster nach unten zeigen, da es später als sichtbares Futter erscheint. Die anderen vier Stoffe in der gewünschten Reihenfolge mit der rechten Seite nach oben glatt darüber legen.
Alle Lagen in größeren Abständen mit Stecknadeln zusammenstecken und das Rückenteil und die beiden Vorderteile zuschneiden. Geben Sie ca. 5 cm Nahtzugabe zu, da sich die Teile durch die vielen Nähte zusammenziehen können und beim Waschen evtl. einlaufen. Fixieren Sie anschließend auch die Außenkanten mit Stecknadeln.
Für das Rückenteil verdoppeln Sie am besten den Schnitt.

Legen Sie beide Vorderteile nebeneinander. Im 45°-Winkel zur vorderen und zur unteren Kante zeichnen Sie mit Schneiderkreide oder Textilmalstift zwei Linien (siehe Foto). Auf das andere Vorderteil zeichnen Sie die Linien spiegelverkehrt. Nähen Sie auf den gezeichneten Linien zuerst, mit Stichlänge 2–2,5. Fixieren Sie Anfang und Ende der Nähte immer mit Rückstich. Die Flächen werden sorgfältig, den Zeichnungen entsprechend, abgesteppt. Der Abstand zwischen den Nähten sollte 15–18 mm betragen. Als optisches Hilfsmittel benutzen Sie am besten Ihr breitestes Nähfüßchen und stellen die Nadel zusätzlich nach links bzw. nach rechts, je nachdem in welche Richtung Sie gerade nähen. Somit können Sie den Nahtabstand leichter einhalten.

Das Ende einer Naht immer mit Rückstich fixieren, die Nadel nach unten, das Füßchen heben, den Stoff in die entgegengesetzte Richtung drehen. Das Füßchen neu ansetzen, senken und die Nadel so einstellen, dass der angegebene Nahtzwischenraum entsteht; die neue Naht mit Rückstich beginnen. Beide Vorderteile und das Rückenteil werden auf diese Art und Weise durchgehend übernäht. Nachdem Sie sich beim Vorderteil in die Nähtechnik eingearbeitet haben, können Sie das Rückenteil auch nach Ihrem Wunsch gestalten. Wichtig ist der 45°-Winkel.

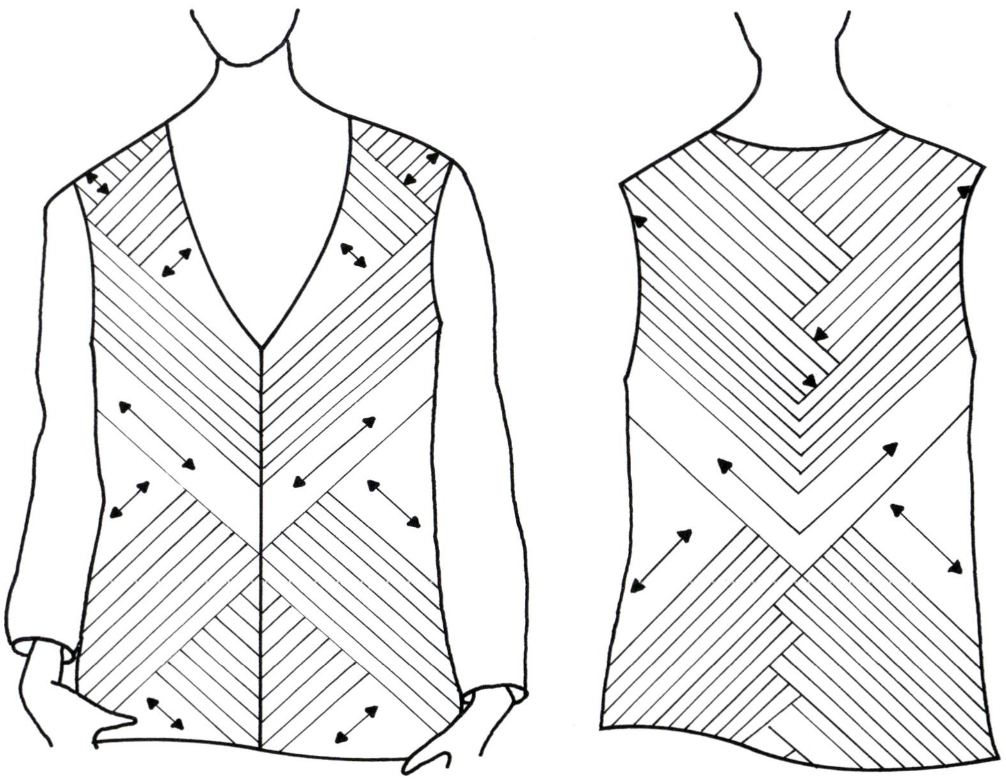

Flächenaufteilung und Nährichtung

Nun werden die oberen vier Stofflagen genau in der Mitte zwischen den Nähten aufgeschnitten. Dazu können Sie eine scharfe Schere oder – wenn Sie Ihre Finger- und Handgelenke schonen möchten – einen Slashcutter bzw. Rollschneider mit Omnistrips benutzen.
Arbeiten Sie mit dem Slashcutter, sollten Sie die Chenille-Stoffe – nicht aber den Basisstoff – an den Außenkanten 2–3 cm mit der Schere einschneiden. Die Klinge des Slashcutters fasst die Stoffe dann besser, besonders wenn sie locker gewebt sind. Schneiden Sie in eine Naht, müssen Sie unbedingt nachnähen. Passiert Ihnen das auch mit dem Basisstoff, setzen Sie auf der Rückseite ein Stück Stoff dagegen und nähen es entlang den vorhandenen Nähten rechts und links von der Schnittstelle fest. Wenn alle Zwischenräume aufgeschnitten sind, werden die Kanten des Rückenteils und der beiden Vorderteile mit der Overlock oder einem breiten Zickzackstich versäubert.
Anschließend werden alle Teile mit etwas Waschpulver bei 30° gewaschen und im Trockner getrocknet. Ist kein Trockner vorhanden, können die Teile gut geschleudert und flach ausgebreitet getrocknet werden. Schütteln Sie sie ab und zu auf.
Da die Westenteile sich durch die vielen Nähte zusammenziehen, müssen sie mit leichtem Druck gebügelt werden, und zwar auf der linken Seite von innen nach außen. Schütteln Sie sie kräftig, damit sich die Fasern wieder aufrichten. Legen Sie danach noch einmal den Papierschnitt auf und schneiden Sie evtl. neu zu; Schulter- und Seitennaht erhalten die normale Nahtzugabe.
Schließen Sie die Schulternähte und versäubern Sie diese auf der Innenseite mit einem ca. 4 cm breiten Band.
Fassen Sie die Armausschnitte mit Schrägband ein (siehe Foto).
Anschließend Seitennähte schließen und diese ebenfalls mit Schrägband versäubern.
Erst danach können die Außenkanten eingefasst werden. Achten Sie darauf, dass die Kanten dabei nicht gedehnt werden, da sie sich sonst wellen. Am besten legen Sie die Weste beim Arbeiten flach auf den Tisch.

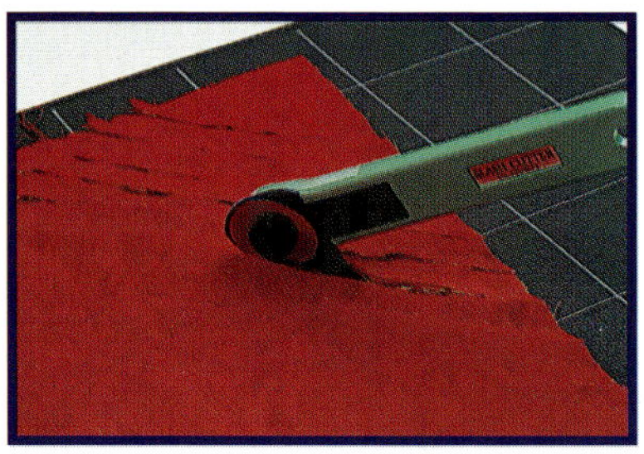

Slashcutter

Omnistrips werden über dem Basisstoff eingeschoben und dienen als Schneideunterlage für den Rollschneider. Somit werden beim Schneiden nur die oberen vier Stofflagen erfasst.

Chenille

Schnitt:
8a–8c, Gr. 40

Material:
4 x 1,40 m Viskosekrepp, 1,40 m breit, 1,40 m Baumwollsatin, 1,40 m breit (Basisstoff)
Kragen: ca. 70 x 25 cm (fertige Breite 12,5 cm)

Werkzeuge und Zubehör:
Schneiderkreide oder Textilmalstift, Lineal, passendes Nähgarn, Slashcutter oder Rollschneider mit Omnistrips, scharfe Schere

Bei diesem Modell ist die Chenille zusätzlich quer gestreift. Für jeden Streifen werden die Stofflagen in unterschiedlicher Reihenfolge übereinander gelegt. Dadurch entsteht ein zusätzlicher Effekt. Auf der nächsten Seite finden Sie eine schematische Darstellung für die Streifenaufteilung bei Gr. 40. Bei größeren oder kleineren Größen müssen die Streifen natürlich entsprechend verbreitert oder verschmälert werden.

Sie benötigen von jedem Stoff (außer vom Basisstoff) zwei Streifen in der Größe 55 x 26 cm (insgesamt acht Streifen) und sechs Streifen in der Größe 68 x 16 cm (insgesamt 24 Streifen); die Nahtzugabe ist in den Maßen bereits enthalten.

Bügeln Sie die Stoffe und schneiden Sie das Vorder- und das Rückenteil mit 5 cm Nahtzugabe aus dem Basisstoff zu. Legen Sie darauf die Stoffstreifen in Ihrer gewünschten Kombination, zunächst die untersten vier Streifen mit unterschiedlichem Muster als erste Lage und dann jeweils die nächste Schicht darüber.

Die Kanten der einzelnen Stoffstücke dürfen ab und zu ein wenig übereinander lappen, da sich manche Stoffe beim Nähen verziehen. Fixieren Sie die Stofflagen gut mit Stecknadeln, vor allem an den Stoßkanten.

Genäht wird, der Zeichnung entsprechend, immer im 45°-Winkel.

Zeichnen Sie sich mit Schneiderkreide oder Textilmalstift eine Zickzacklinie auf den Stoff, auf der Sie zuerst entlangnähen. Nähen Sie von oben bis unten ohne Nahtunterbrechung mit Stichlänge 2–2,5 durch. Verwenden Sie dabei Ihr breitestes Füßchen als Abstandshilfe. Am Ende einer Zickzacklinie fixieren Sie die Naht mit Rückstich, drehen den Stoff in die entgegengesetzte Richtung und stellen die Nadel so ein, dass der Abstand zwi-

Stofflagen oberer Streifen

Stofflagen zweiter Streifen

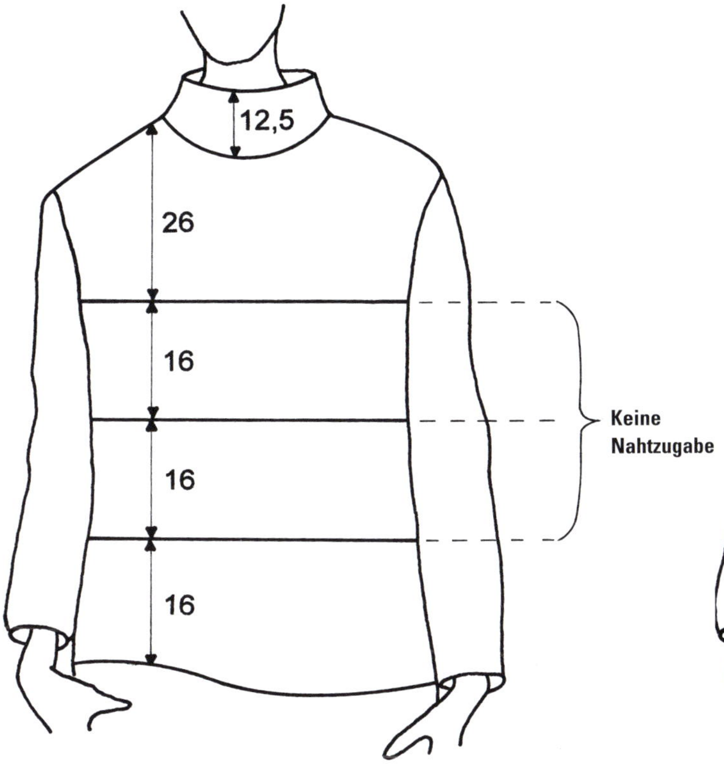

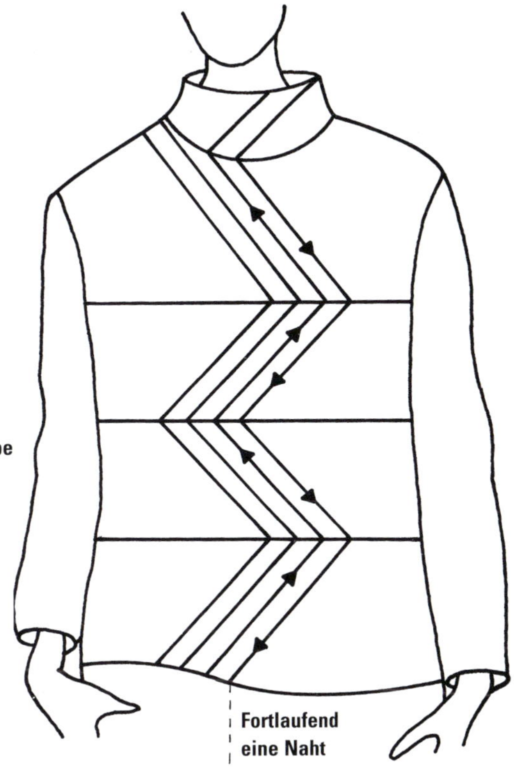

schen den Nähten 15–18 mm beträgt. Beginnen Sie die neue Naht mit Rückstich und nähen bis zum anderen Ende durch. Dann den Stoff wieder drehen, die Nadel umstellen und in die entgegengesetzte Richtung nähen. Auf diese Art und Weise übernähen Sie das Vorder- und Rückenteil (siehe Seite 51).

Stofflagen dritter Streifen

Stofflagen vierter Streifen

Der Kragen und die Ärmel sind nicht in Streifen unterteilt. Legen Sie alle fünf Stofflagen übereinander und stecken Sie den Ärmel darauf mit Stecknadeln fest. Die Maße für den Kragen sind 70 x 25 cm. Dann schneiden Sie die Teile mit 5 cm Nahtzugabe zu. Zeichnen Sie sich auf den Kragenstoff eine Hilfslinie im 45°-Winkel zur unteren Kante, auf der Sie zuerst steppen. Die weiteren Nähte setzen Sie wie oben beschrieben. Den Ärmel übernähen Sie der unten abgebildeten Zeichnung entsprechend.

Die Teile dürfen nach dem Nähen ruhig ausbeulen; Sie haben sie mit ausreichend Nahtzugabe zugeschnitten. Schneiden Sie nun die oberen vier Stofflagen mit einer scharfen Schere zwischen den Nähten auf. Sie können auch einen Slashcutter oder einen Rollschneider mit Omnistrips benutzen (siehe Seite 52). Arbeiten Sie mit dem Slashcutter, sollten Sie die Chenille-Stoffe – nicht aber den Basisstoff – an den Außenkanten 2–3 cm mit der Schere einschneiden. Die Klinge des Slashcutters fasst die Stoffe dann besser, besonders wenn sie locker gewebt sind. Wenn Sie versehentlich in eine Naht schneiden, müssen Sie nachnähen. Schneiden Sie in den Basisstoff, setzen Sie auf der Rückseite ein Stück Stoff dagegen und nähen es entlang den vorhandenen Nähten rechts und links von der Schnittstelle fest. Sind alle Teile übernäht, versäubern Sie die Kanten mit der Overlock oder einem breiten Zickzackstich.

Anschließend waschen Sie alle Teile mit Waschpulver bei 30° in der Waschmaschine, trocknen sie im Trockner oder breiten sie nach dem Schleudern flach aus, wobei sie häufig aufgeschüttelt werden müssen. Wenn die Pulliteile trocken sind, werden sie von links gebügelt, und zwar von innen nach außen, dann kräftig geschüttelt, damit sich die Fasern wieder aufrichten. Den Papierschnitt noch einmal auflegen und evtl. mit normaler Nahtzugabe nachschneiden. Den Kragen schneiden Sie erst dann zu, wenn Sie den Pulli anprobiert und den Halsausschnitt nachgemessen und evtl. korrigiert haben. Nun schließen Sie die Schulter- und Seitennähte. Versäubern Sie die Nahtzugaben mit der Overlock oder einem breiten Zickzackstich und bügeln Sie sie mit Dampf auseinander. Setzen Sie die Ärmel und den Kragen ein. An die untere Kante und die Ärmelkante werden Schrägstreifen (siehe Seite 62) aus dem Basisstoff von rechts aufgenäht und nach innen eingeschlagen. Steppen Sie mit der Maschine so breit von der rechten Seite ab, dass der Schrägstreifen innen schmalkantig mitgefasst wird.

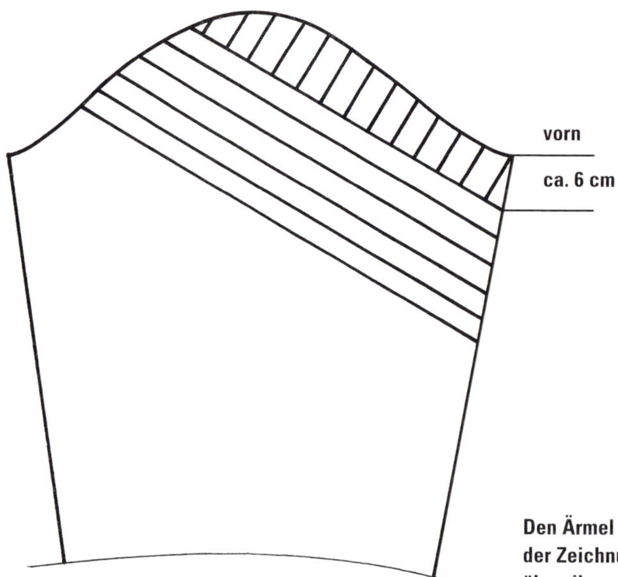

Den Ärmel übernähen Sie der Zeichnung entsprechend über die ganze Fläche.

Schnitt:
4a–4c, Gr. 40

Material:
4 x 60 cm Viskosekrepp, 1,40 m breit, 60 cm Baumwollsatin, 1,40 m breit (Basisstoff), 60 cm Wollstoff, 1,40 m breit, Wollstoffreste in verschiedenen Farben (insgesamt 45 Quadrate 10 x 10 cm plus Nahtzugabe), 1,50 m Futterstoff, 1,40 m breit

Werkzeuge und Zubehör:
Schneiderkreide oder Textilmalstift, Lineal, passendes Nähgarn, Slashcutter oder Rollschneider und Omnistrips, scharfe Schere, Schneidmatte, Schulterpolster, 5 Knöpfe

Zunächst stellen Sie die Chenille her. Halbieren Sie die Stoffbahnen, sodass Stücke in der Größe 70 x 60 cm entstehen. Bügeln Sie sie und legen Sie die fünf Stofflagen in der gewünschten Reihenfolge übereinander. Fixieren Sie sie mit Stecknadeln und zeichnen Sie sich mit Schneiderkreide oder Textilmalstift im 45°-Winkel zur unteren Kante eine Hilfslinie auf.
Auf der gezeichneten Linie steppen Sie zuerst, daneben werden im Abstand von 15–18 mm parallel weitere Nähte gesetzt (siehe Seite 50/51), bis die gesamte Stofffläche übernäht ist.
Nehmen Sie Ihr breitestes Nähfüßchen als Abstandshilfe und nähen mit Stichlänge 2–2,5. Das Ende der Naht mit Rückstich fixieren, den Stoff in die entgegengesetzte Richtung drehen und die Nadel so einstellen, dass der richtige Abstand eingehalten wird. Die neue Naht mit Rückstich beginnen und bis zum anderen Ende durchnähen. Dann den Stoff wieder drehen, die Nadel umstellen und in die entgegengesetzte Richtung nähen.
Wenn alles übernäht ist, schneiden Sie die vier oberen Stofflagen mit einer scharfen Schere in der Mitte zwischen den Nähten auf. Sie können auch einen Slashcutter oder einen Rollschneider mit Omnistrips benutzen (siehe Seite 52). Arbeiten Sie mit dem Slashcutter, sollten Sie die Chenille-Stoffe – nicht aber den Basisstoff – an den Außenkanten 2–3 cm mit der Schere einschneiden. Die Klinge des Slashcutters fasst die Stoffe dann besser, besonders wenn sie locker gewebt sind. Schneiden Sie versehentlich in eine Naht, muss nachgenäht werden. Wenn Sie in den Basisstoff schneiden, setzen Sie auf der Rückseite ein Stück Stoff dagegen und nähen es entlang den vorhandenen Nähten rechts und links von der Schnittstelle fest. Nach dem Aufschneiden werden alle Kanten mit der Overlock oder einem breiten Zickzackstich versäubert. Waschen Sie alle Teile mit Waschpulver bei 30° in der Waschmaschine, trocknen sie im Trockner oder breiten sie nach dem Schleudern flach aus, wobei sie häufig aufgeschüttelt werden müssen.
Schneiden Sie, der Zeichnung auf S. 59 entsprechend, die Chenille-Einsätze zu. Für den Rücken gelten die gleichen Maße wie für ein Vorderteil, natürlich über die gesamte Rückenbreite.
Für das Patchwork verwenden Sie die

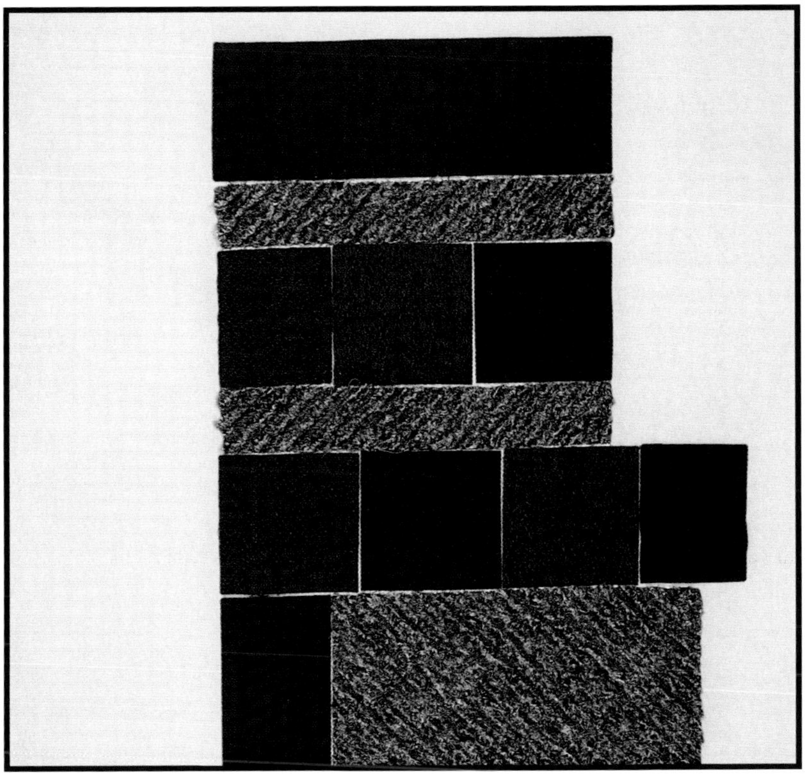

Wollstoffreste. Sie benötigen ca. 45 Quadrate in der Größe 10 x 10 cm plus normale Nahtzugabe. Die vordere Blende neben dem großen Chenille-Einsatz und die Schulterpartie sind jeweils aus einem Stück zugeschnitten. Richten Sie sich nach den Maßen auf der Zeichnung.

Legen Sie nun Ihre Chenille- und Wollstoffstücke aneinander. Möchten Sie mit Kontrastfarben arbeiten, gestalten Sie die beiden Vorderteile, Mitte an Mitte gelegt, am besten auf dem Fußboden. Somit haben Sie eine gute optische Kontrolle für eine gleichmäßige Verteilung der Farben.

Nähen Sie zuerst die Quadrate zusammen, dann das große Chenille-Stück an die Blende. Bügeln Sie vorsichtig von links die Nahtzugaben auseinander. Danach schließen Sie alle Quernähte und bügeln wieder von links. Wenn Sie mit Dampf bügeln, sollten Sie das Teil nach jeder Naht aufschütteln, damit sich die Fasern der Chenille wieder aufrichten können.

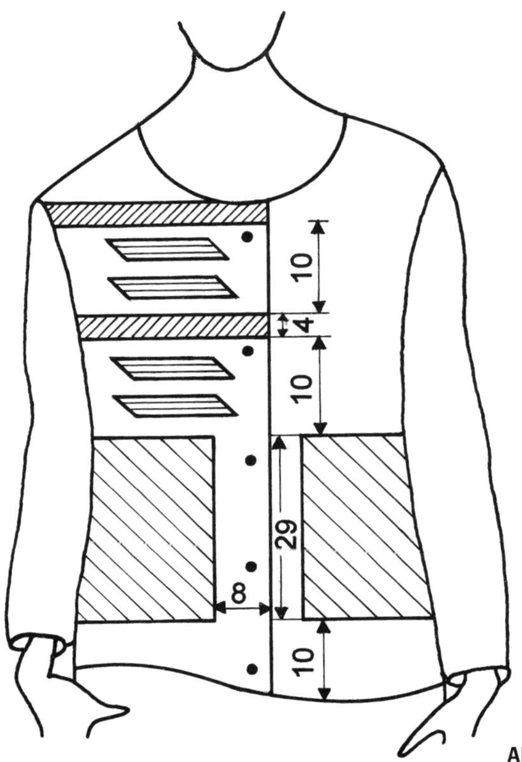

Alle Maße ohne Nahtzugabe

Bei diesem Modell wird übrig gebliebene Chenille mitverarbeitet. Es werden vier kleine Streifen abgeschnitten und mit schmalem Zickzackstich auf die Quadrate genäht. Sie können die kleinen Streifen natürlich anders einordnen oder einfach weglassen.

Experimentieren Sie!

Wenn Sie mit Ihrem „Rohbau" für alle Jackenteile fertig sind, schneiden Sie mit normaler Nahtzugabe zu, am Halsausschnitt, an der vorderen Kante und am Jackenabschluss ohne Nahtzugabe.

Weitere Verarbeitung:
Die Schulternähte schließen und die Ärmel einsetzen. In die Seitennähte wird jeweils eine Nahttasche eingearbeitet. Die Futterjacke mit dem vorderen Belag nähen Sie genauso groß. Versäubern Sie zuerst die Ärmel und heften dann Futter und Patchworkjacke an den Außenkanten zusammen.
Am Schluss werden alle Kanten mit einer farblich abgestimmten Wollborte eingefasst.

Bei dieser Jacke werden für die obere Stoffschicht Stücke in verschiedenen Qualitäten aufgelegt. Durch das unterschiedliche „Aufspringen" der Stoffe entsteht eine zusätzliche Farbschattierung und ein raffiniertes Muster.

Applikationsschere:
Spezialschere für Applikationen

Nahtzugabe: 2 cm

Schneidmatte, Rollschneider und Schneidelineal:
Spezielles Zubehör für Patchworker und Bastler

Slashcutter und Omnistrips:
Hilfsmittel speziell für Chenille-Technik

Sämtliches Zubehör ist in Patchworkgeschäften erhältlich.

Herstellung eines Schrägstreifens

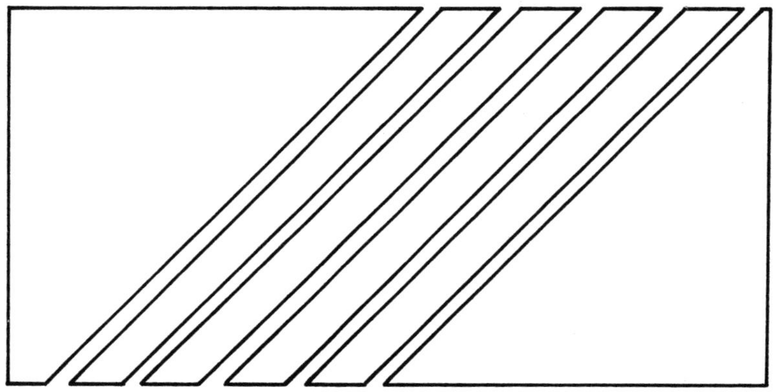

In 45° Streifen schneiden.

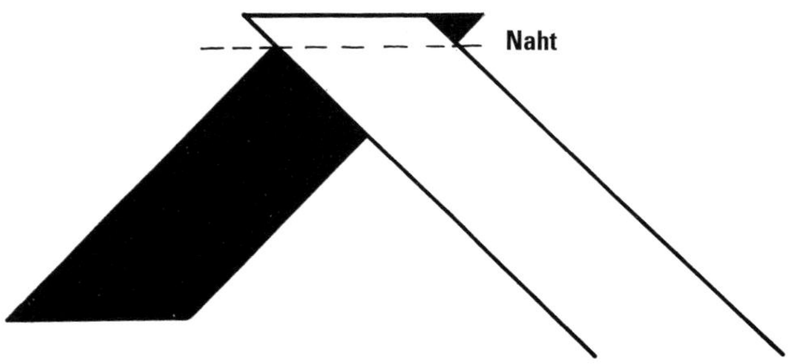

Stoffe rechts auf rechts übereinander legen und zusammennähen.

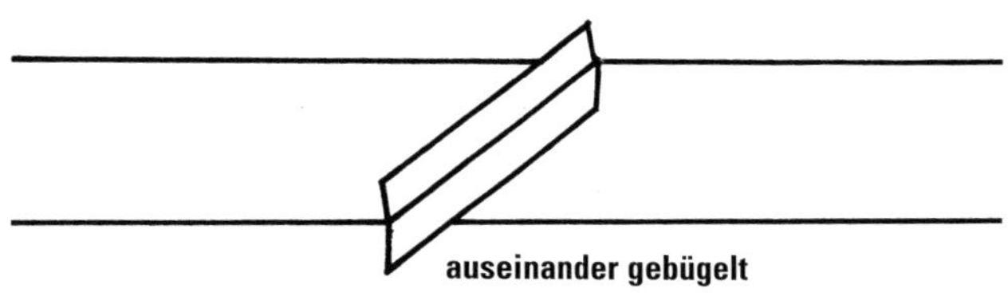

Naht auseinander bügeln und die überstehenden Ecken abschneiden. Streifen exakt zur Hälfte falten und mit Dampf bügeln.

Maria Reuter erlernte 1990 während eines USA-Aufenthalts die Kunst des Patchworks und Quiltens. Zurück in Deutschland, besuchte sie mehrere Seminare, bildete sich aber hauptsächlich autodidaktisch weiter. Durch Modenschauen in eigener Regie bekam sie Kontakt zur Patchworkmode. Sie entwickelte ihren eigenen kreativen Stil unter ihrem Motto: „Weniger ist oftmals mehr!“ Bei ihren Quilts wendet sie keine bestimmte Technik an, wohl aber grafisches Design. Sie bekam mehrere internationale Auszeichnungen, ihre Arbeiten wurden in Katalogen, Zeitschriften und Büchern veröffentlicht. Frau Reuter gibt Kurse für verschiedene Patchwork-Methoden und alle in diesem Buch vorgestellten Techniken.

MARIA REUTER
Jakob-Gross-Str. 3a
D–82256 Fürstenfeldbruck
Tel.: 08141-25752

Husqvarna Viking – Qualität aus Schweden

Viele dieser Nähmaschinen können auch spezielle Quiltstiche nähen, Sonderzubehör für das Quilten gehört ebenfalls zur Ausstattung.

VIKING SEWING MACHINES GmbH
Frankfurter Straße 151a
D–63303 Dreieich
Telefon 06103-378990
Telefax 06103-3789919

Alle Modelle wurden auf einer Husqvarna genäht.

Weitere Adressen:

Leinenstoffe für alle vorliegenden Modelle:

Mühlviertler Leinenweberei:
Christine Vieböck
Leonfeldner Straße 26
A–4184 Helfenberg
Tel.: 0043-(0)7216-6215
Fax.: 0043-(0)7216-4046

Avalon-Folie für Fadentechnik:
MADEIRA GARNE
U.+M. Schmidt & Co. GmbH
Hans-Bunte-Straße 8
D–79108 Freiburg
Tel.: 0761-51048-0
Fax.: 0761-502342

Patchwork- und Quiltzubehör:
Quilt & Textilkunst
Christine Köhne
Sebastiansplatz 6
D–80331 München
Tel.: 089-26949962
Fax: 089-26949964

Ravensburger Hobby
Textiles Gestalten

Traudel Hartel
Patchwork creativ
64 Seiten
100 farbige Fotos und
18 s/w-Zeichnungen
ISBN 3-332-00883-8

Ruth Leitz
Sternzeichen in Patchwork
64 Seiten
95 farbige Fotos und
27 Zeichnungen
ISBN 3-332-01117-0

Ulrike Weber
Faszinierende Quilt-Ideen
64 Seiten
221 farbige Abbildungen
ISBN 3-332-01037-9

Jan Jefferson
Maggi Mc Cormick Gordon
Quilts der Amish
128 Seiten
295 farbige Abbildungen
ISBN 3-332-01034-4